AF291284

FOOTPRINT in Ecological ARCHITECTURE

© 2025 Instituto Monsa de ediciones.

First edition in April 2025 by Monsa Publications,
Carrer Gravina 43 (08930) Sant Adrià de Besós.
Barcelona (Spain)
T +34 93 381 00 93
www.monsa.com
monsa@monsa.com

Editor and Project director Anna Minguet
Art Director: Layout and Cover Design
Eva Minguet (Monsa Publications)
Printed in Spain
Shop online:
www.monsashop.com

Follow us!
Instagram: @monsapublications

ISBN: 978-84-17557-83-6
B 186-2025

FOOTPRINT in Ecological
ARCHITECTURE

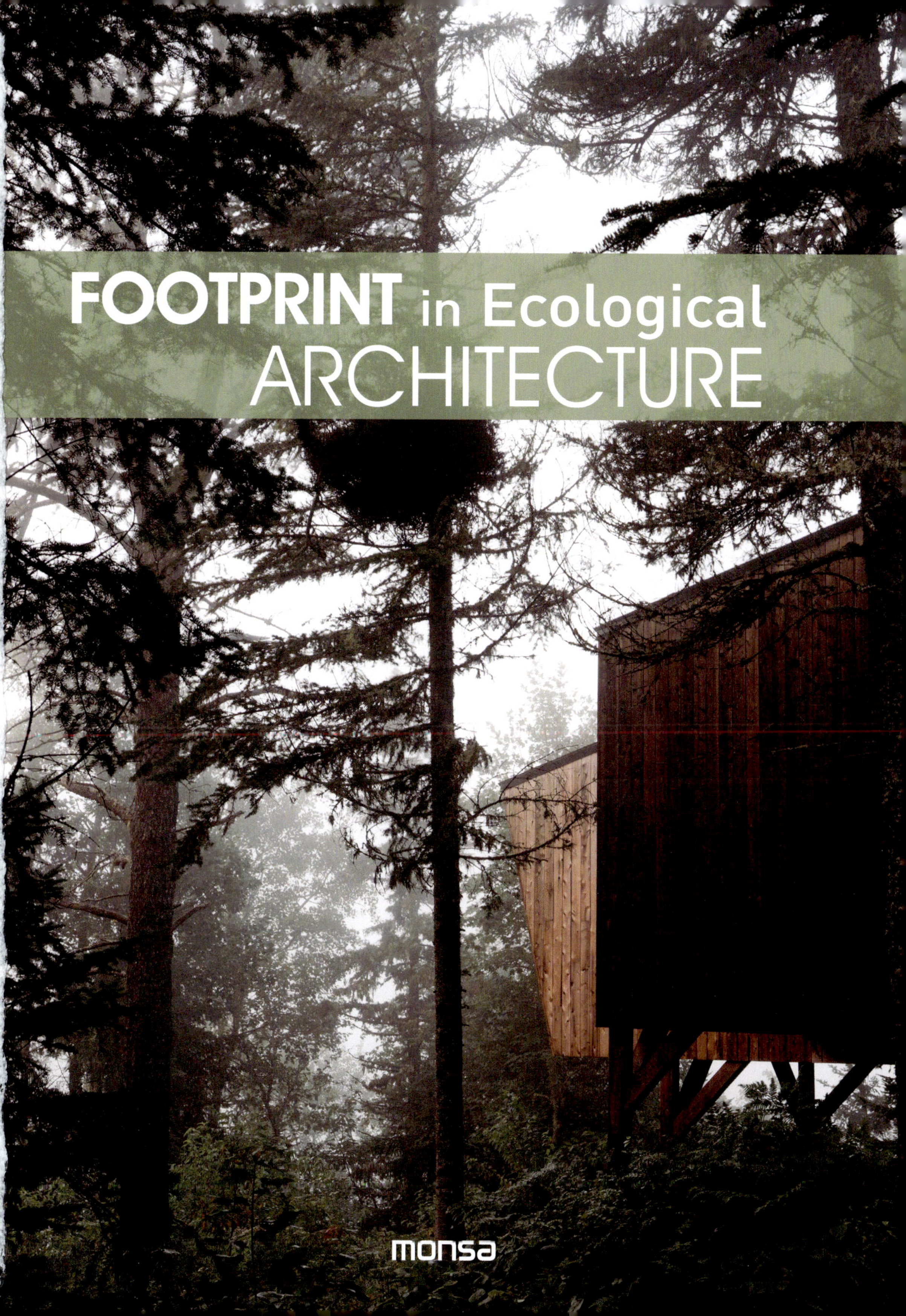

monsa

INTRO // Introducción

The concept of "footprint" in ecological architecture refers to the environmental impact of a building throughout its life cycle, from construction to use and demolition. This impact is measured in terms of resource consumption, carbon emissions, energy use, and waste generation. Ecological architecture aims to minimize this footprint through sustainable practices that promote efficiency and respect for the natural environment.

A key approach is the use of local and recyclable materials, reducing reliance on non-renewable resources and minimizing the impact of transportation. Additionally, the integration of sustainable technologies, such as solar panels, rainwater harvesting systems, and natural ventilation, optimizes energy and water use.

The footprint in architecture also involves the building's interaction with its surroundings. Environmentally conscious projects should preserve and even enhance local ecosystems, incorporating green roofs, living walls, and areas that promote biodiversity. These practices not only mitigate environmental impact but also contribute to the well-being of the occupants.

Tools such as Life Cycle Assessment (LCA) and certifications like LEED or BREEAM help measure and reduce the environmental impact of buildings. In this way, ecological architecture becomes a key tool in addressing climate change, aiming not only to reduce its footprint but also to regenerate the environment.

El concepto de "footprint" en la arquitectura ecológica se refiere al impacto ambiental de un edificio a lo largo de su ciclo de vida, desde su construcción hasta su uso y demolición. Este impacto se mide en términos de consumo de recursos, emisiones de carbono, uso energético y generación de residuos. La arquitectura ecológica busca minimizar esta huella a través de prácticas sostenibles que promuevan la eficiencia y el respeto por el entorno natural.

Un enfoque central es el uso de materiales locales y reciclables, lo que reduce la dependencia de recursos no renovables y disminuye el impacto del transporte. Además, la integración de tecnologías sostenibles como paneles solares, sistemas de recolección de agua y ventilación natural optimiza el uso de energía y recursos hídricos.

El footprint en arquitectura también abarca la interacción del edificio con su entorno. Proyectos respetuosos del medio ambiente deben preservar los ecosistemas locales e incluso mejorarlos, mediante la incorporación de techos verdes, paredes vivas y áreas que fomenten la biodiversidad. Estas prácticas no solo mitigan el impacto ambiental, sino que también contribuyen al bienestar de los ocupantes.

Herramientas como el análisis del ciclo de vida (LCA) y certificaciones como LEED o BREEAM ayudan a medir y reducir el impacto de los edificios. Así, la arquitectura ecológica se convierte en una herramienta clave para enfrentar el cambio climático, buscando no solo reducir su huella, sino también regenerar el medio ambiente.

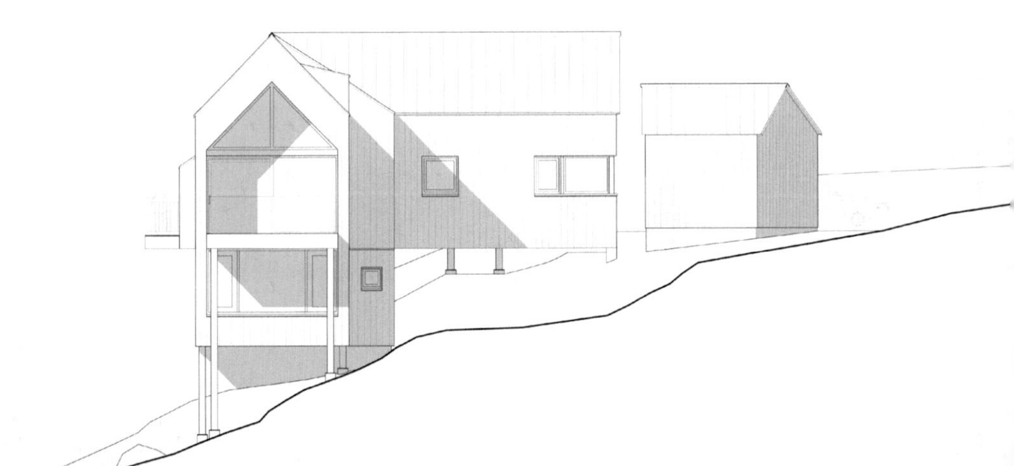

INDEX // Índice

TERRITOIRE CHARLEVOIX	10
AN ORGANIC, BIOCLIMATIC HOUSE IN BRITTANY	22
CHALET PAPILLON	30
ROCKBOUND	44
LA CORNETTE	56
MALBAIE V	66
MALBAIE VIII RESIDENCE, LA GRANGE	76
T HOUSE	86
HOULE-THIBAULT RESIDENCE	96
WEST DUNE HOUSE	102
HOUSE ON LAC GRENIER	112
KL HOUSE	122
BERGES GRISES	132

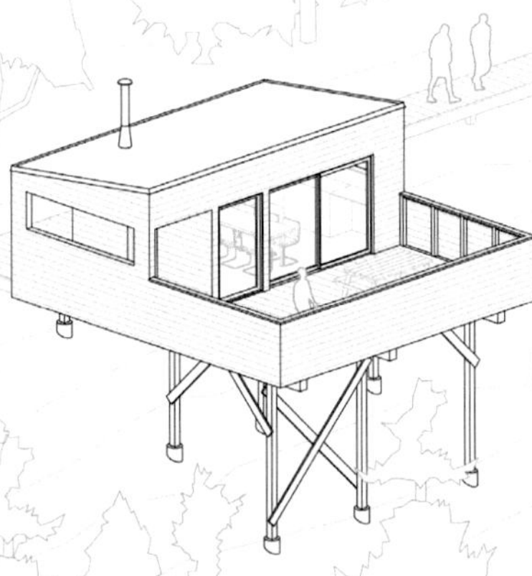

TERRITOIRE CHARLEVOIX

La Malbaie, Québec, Canada // Architecture: Atelier L'Abri // Client: Territoire Charlevoix // Project team: Pia Hocheneder, Jérôme Codère, Francis Martel-Labrecque, Nicolas Lapierre // Photography: Raphaël Thibodeau

Atelier L'Abri introduces Territoire Charlevoix, a singular concept of experiential camping set in the Canadian wilderness. The vast forest site is located inland between La Malbaie and Baie-Saint-Paul. The remote location offers spectacular panoramic views of the magnificent Charlevoix region of Quebec and its infinite landscape.

The unique experience proposed by Territoire inspired the designers to develop an architectural response deeply influenced by its context. This led to a series of structures that are simple, yet varied; familiar, yet unusual. Immersed in nature, these site-adapted constructions provide rest, comfort, security, escape, and entertainment. Minimalist by design, the rustic installations integrate themselves in perfect harmony with their natural surroundings. The various modules imagined by Atelier L'Abri include camping shelters, viewing platforms with communal kitchens, and a visitor center that houses a forest buvette.

Territoire operates twelve months a year, giving visitors the chance to enjoy, discover, and rediscover the different landscapes and activities that each season offers in the region.

Intimacy, minimalism, and immersion
The five shelters are small, autonomous buildings that offer an intimate encounter with nature in complete comfort, both in summer and in winter. Balancing rusticity and modernity, they are warm and functional spaces, conductive to tranquility and evasion.

Their orientation, carefully chosen location, and generous openings provide ample room for nature. Perched on slender legs, the small cabins blend into the wild landscape with minimal impact on the ground. The lack of traditional foundations avoids the use of heavy machinery, unsuitable for the isolated and wild environment, and thus limits the deforestation required for the development of these forest constructions.

The volume of the shelters is distinguished by its single-slope roof, which follows the natural topography of the site. This bold form is reminiscent of the shape of large dormers, or old cameras. Like these optical devices, the prisms of Territoire's small living machines peak towards a wide opening to form a true focal point on the landscape. This large glass pane spans the entire width of the interior plan and tilts lightly towards the valleys below, creating a plunging view of the territory. The cabins face the sunrise on one side of the site, and the sunset on the other, thus offering varied experiences of the region and its timeless moments.

Atelier L'Abri presenta Territoire Charlevoix, un concepto singular de camping experiencial situado en la naturaleza canadiense. Este extenso sitio forestal se encuentra en el interior, entre La Malbaie y Baie-Saint-Paul, y ofrece espectaculares vistas panorámicas de la magnífica región de Charlevoix en Quebec y su paisaje infinito.

La experiencia única propuesta por Territoire inspiró a los diseñadores a desarrollar una respuesta arquitectónica profundamente influenciada por su contexto. Esto resultó en una serie de estructuras que son a la vez simples y variadas; familiares, pero inusuales. Inmersas en la naturaleza, estas construcciones adaptadas al entorno proporcionan descanso, confort, seguridad, evasión y entretenimiento. Minimalistas por diseño, las instalaciones rústicas se integran en perfecta armonía con su entorno natural. Los diversos módulos imaginados por Atelier L'Abri incluyen refugios de camping, plataformas de observación con cocinas comunitarias y un centro de visitantes que alberga una buvette forestal.

Territoire opera durante todo el año, brindando a los visitantes la oportunidad de disfrutar, descubrir y redescubrir los diferentes paisajes y actividades que cada estación ofrece en la región.

Intimidad, minimalismo e inmersión
Los cinco refugios son pequeñas edificaciones autónomas que ofrecen un encuentro íntimo con la naturaleza en completo confort, tanto en verano como en invierno. Equilibrando rusticidad y modernidad, son espacios cálidos y funcionales que fomentan la tranquilidad y la evasión.

Su orientación, ubicación cuidadosamente seleccionada y generosos vanos permiten una amplia conexión con la naturaleza. Elevadas sobre patas delgadas, las pequeñas cabañas se integran en el paisaje salvaje con un impacto mínimo en el suelo. La ausencia de cimientos tradicionales evita el uso de maquinaria pesada, inapropiada para el entorno aislado y salvaje, limitando así la deforestación necesaria para el desarrollo de estas construcciones forestales.

El volumen de los refugios se distingue por su techo a un agua, que sigue la topografía natural del sitio. Esta forma audaz recuerda la estructura de grandes tragaluces o cámaras antiguas. Al igual que estos dispositivos ópticos, los prismas de las pequeñas máquinas habitacionales de Territoire se orientan hacia una amplia apertura, formando un verdadero punto focal en el paisaje. Este gran panel de vidrio abarca toda la anchura del plano interior y se inclina ligeramente hacia los valles, creando una vista impresionante del territorio. Las cabañas miran hacia el amanecer en un lado del sitio y hacia el atardecer en el otro, ofreciendo así experiencias variadas de la región y sus momentos atemporales.

The layout is compact and functional to reduce the building's impact, but meticulously optimized in its interior design to offer a generous and comfortable space. The shelters are equipped with a kitchenette, a small dining table, a wood stove, and a large bed directly in front of a bay window. Bench spaces are integrated into the floor's changing levels. A built-in space also enables the placement of an additional mattress, making it possible to accommodate three people in a shelter.

These height variations give a hierarchy to the spaces and create, without cluttering the plan, a separation between the work area of the kitchen and the rest area of the bed.
Each shelter also includes a covered outdoor dining area adjacent to the interior volume. This terrace features a large table and a workbench, providing a protected entry area for occupants.

El diseño es compacto y funcional para minimizar el impacto del edificio, pero está meticulosamente optimizado en su interior para ofrecer un espacio generoso y cómodo. Cada refugio está equipado con una cocina pequeña, una mesa de comedor, una estufa de leña y una cama grande ubicada directamente frente a un ventanal. Los bancos están integrados en los diferentes niveles del suelo, mientras que un espacio incorporado permite la colocación de un colchón adicional, lo que hace posible acomodar hasta tres personas en cada refugio.

Estas variaciones de altura crean una jerarquía en los espacios, permitiendo una clara distinción entre el área de trabajo de la cocina y la zona de descanso de la cama, sin saturar el diseño general. Además, cada refugio cuenta con un área de comedor cubierta adyacente al volumen interior. Esta terraza está equipada con una gran mesa y un banco de trabajo, proporcionando un espacio de entrada protegido para los ocupantes.

The interior design is sleek and warm. A series of integrated furniture modules was designed to maximize space usage within a reasonable budget. These simple and utilitarian modules are inspired by the modernist explorations of the early last century, while the use of economical and standardized materials, such as plywood, evokes the pieces of Donald Judd. White wood paneling softens the experience and invites tranquility, offering a contrast with the exterior wood cladding's raw and natural finish, in harmony with its surroundings. The outdoor program of the shelters is completed by a fire circle, a log shelter, and a wooden dry toilet.

These shelters are the heart of the archipelagos and provide the camper islands with a protected space that includes a common kitchenette. These spaces promote a community spirit and invite meeting, relaxation, contemplation, and conviviality, in addition to offering some of the most impressive views of the site.

It is through this family of varied buildings, all carefully integrated into their environment, that visitors to the site are invited to quietly discover the place for a complete immersion in the territory.

El diseño interior es elegante y acogedor. Se diseñó una serie de módulos de mobiliario integrados para maximizar el uso del espacio dentro de un presupuesto razonable. Estos módulos simples y utilitarios están inspirados en las exploraciones modernistas de principios del siglo pasado, mientras que el uso de materiales económicos y estandarizados, como la madera contrachapada, evoca las piezas de Donald Judd. El panelado de madera blanca suaviza la experiencia y invita a la tranquilidad, ofreciendo un contraste con el acabado crudo y natural del revestimiento exterior de madera, en armonía con su entorno. El programa exterior de los refugios se completa con un círculo de fuego, un refugio de troncos y un inodoro seco de madera.

Estos refugios son el corazón de los archipiélagos y proporcionan a las islas de camping un espacio protegido que incluye una cocina común. Estos espacios fomentan el espíritu comunitario e invitan al encuentro, la relajación, la contemplación y la convivialidad, además de ofrecer algunas de las vistas más impresionantes del lugar.

Es a través de esta familia de edificios variados, todos cuidadosamente integrados en su entorno, que se invita a los visitantes del sitio a descubrir el lugar en silencio, para una inmersión completa en el territorio.

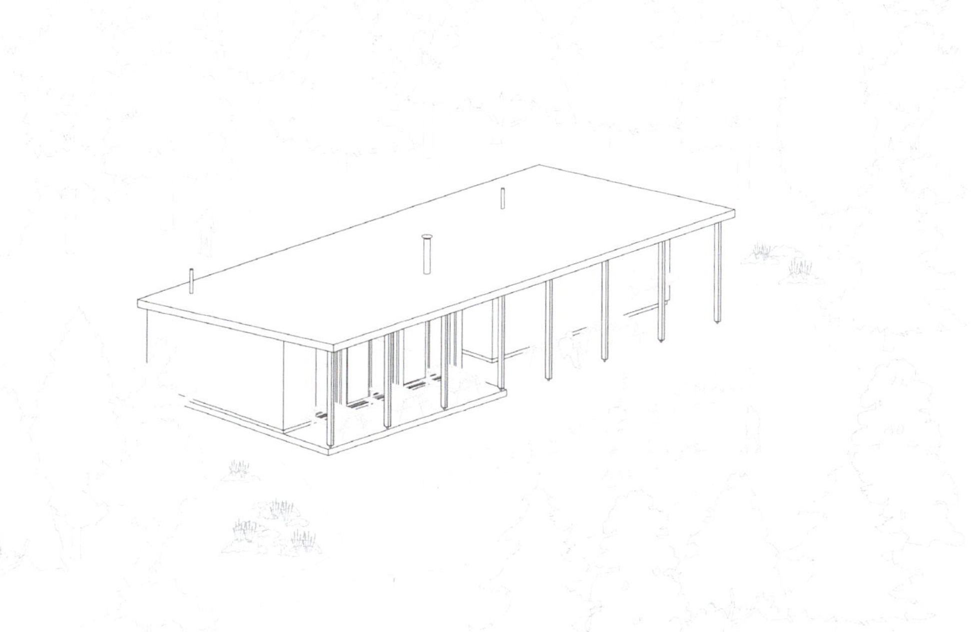

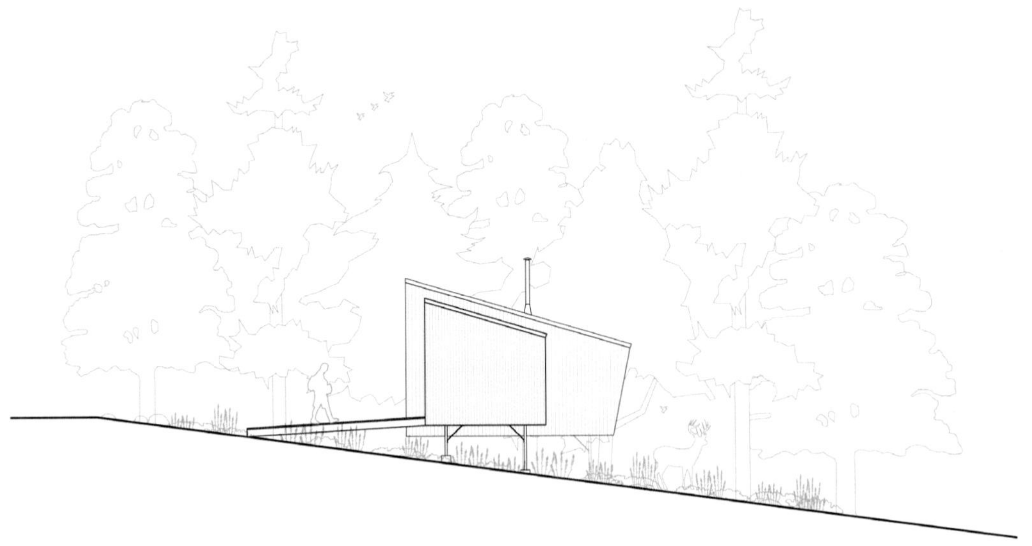

Elevation

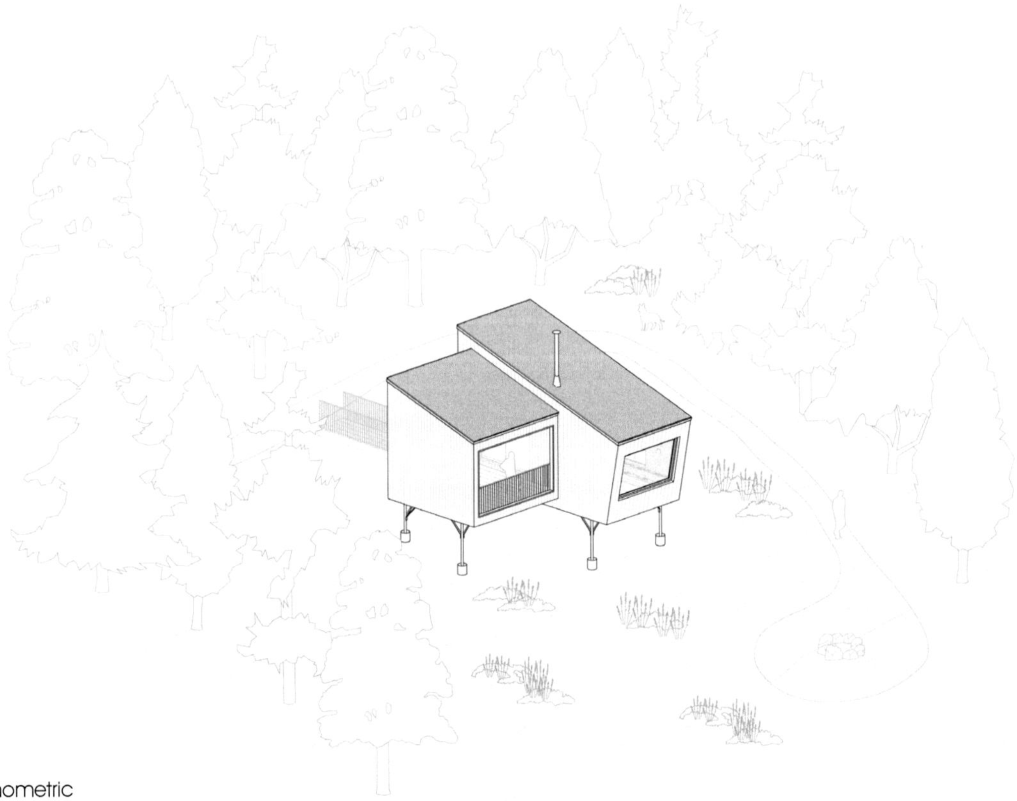

Axonometric

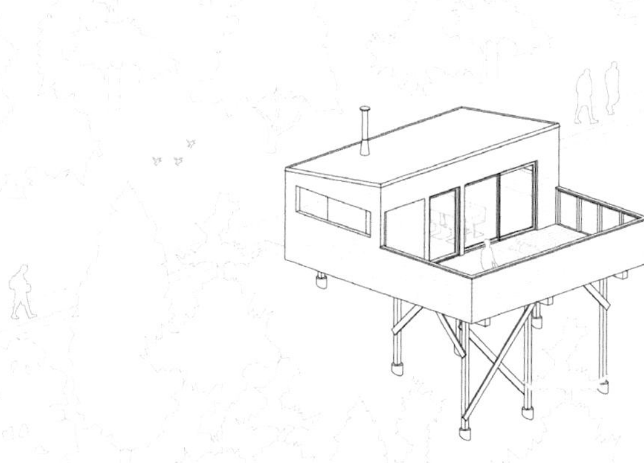

Axonometric

Elevation

AN ORGANIC, BIOCLIMATIC HOUSE IN BRITTANY

Auray, France // Architecture: Patrice Bideau // Photography: Armel ISTIN

This house on the shores of the Golfe du Morbihan, not far from AURAY, was built using organic architectural principals with a concentration of green energy components for maximum efficiency without resorting to technical sophistication. Completed at the beginning of this year, the house is situated in a region benefitting from oceanic climate conditions. The project was born of the owners' desire to build a new house on their property in BADEN, incorporating a landscaped garden and a natural, chemical free swimming pool. These were created before construction began on the house in collaboration with a designer and a landscape gardener. The garden was designed to provide protection from Westerly winds with a vegetable garden to the East. A distinctive ambiance emerged from this new, natural environment surrounding the construction site.

Initially, the plan was to build low-energy consumption house using a mixture of bioclimatic concepts, wood and concrete frame, thermodynamic heating and a 5.8 kW hot water tank. The house was designed for an energy consumption of 31 kWhpe/m^2 per year for the heating and hot water with a hygro B (humidity regulated) ventilation system. As work progressed, plans evolved!

The house was sited in the North-West section of the property in order to provide maximum space for the garden and terrace. The wood frame garage with cladding and arched zinc roof serves as a protective buffer, the canopy overhang also provides shelter for the main entrance.

Esta casa, ubicada en la costa del Golfo de Morbihan, no lejos de Auray, fue construida siguiendo principios de arquitectura orgánica, con un enfoque en componentes de energía verde para lograr la máxima eficiencia sin recurrir a sofisticaciones técnicas. Finalizada a principios de este año, la vivienda se encuentra en una región que se beneficia de un clima oceánico. El proyecto nació del deseo de los propietarios de construir una nueva casa en su terreno en Baden, integrando un jardín paisajístico y una piscina natural libre de químicos. Estos elementos fueron creados antes de que comenzara la construcción de la casa, en colaboración con un diseñador y un paisajista. El jardín fue diseñado para ofrecer protección contra los vientos del oeste y cuenta con un huerto orientado hacia el este. De este nuevo entorno natural que rodea el sitio de construcción surgió una atmósfera distintiva.

Inicialmente, el plan era construir una casa de bajo consumo energético utilizando una combinación de conceptos bioclimáticos, una estructura de madera y hormigón, calefacción termodinámica y un tanque de agua caliente de 5,8 kW. La vivienda fue diseñada para un consumo energético de 31 kWhpe/m^2 al año para calefacción y agua caliente, con un sistema de ventilación higro B (regulado por la humedad). ¡Conforme avanzaba la obra, los planes fueron evolucionando!

La casa se ubicó en la sección noroeste de la propiedad, con el fin de maximizar el espacio destinado al jardín y la terraza. El garaje, con estructura de madera, revestimiento y un techo arqueado de zinc, actúa como una barrera protectora, mientras que el voladizo de la cubierta también ofrece resguardo para la entrada principal.

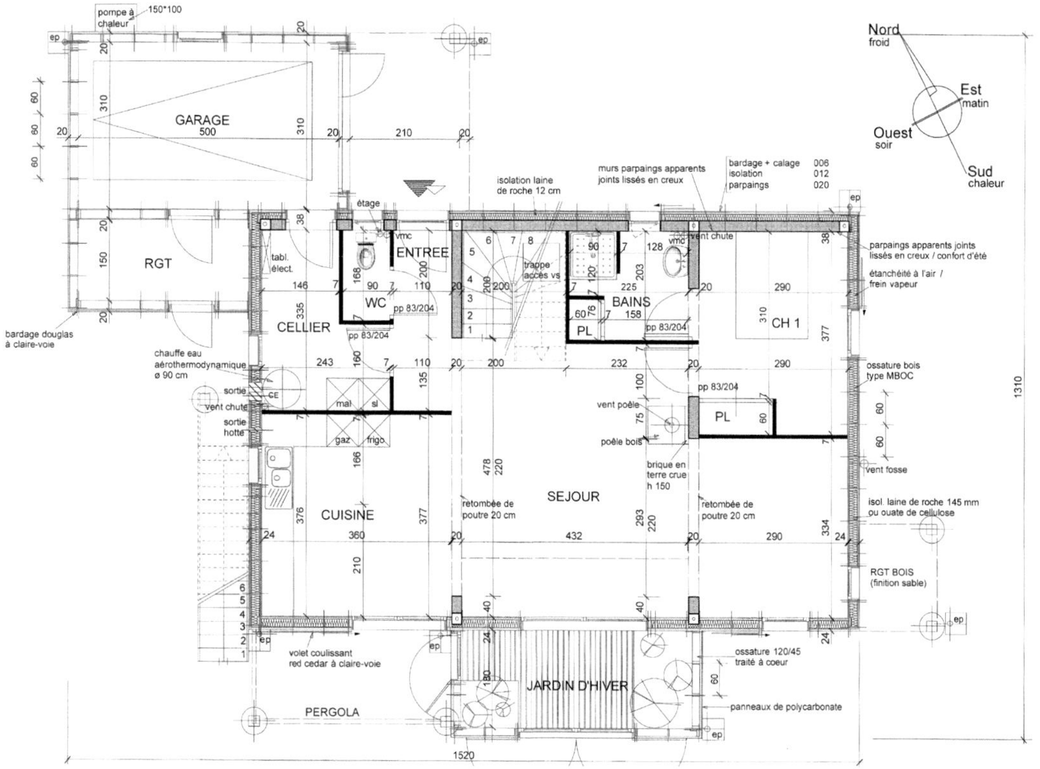

pompe à chaleur
150*100
GARAGE
500
RGT
bardage douglas à claire-voie
tabl. élect.
CELLIER
chauffe eau aérothermodynamique ø 90 cm
sortie vent chute
CE
sortie hotte
gaz
frigo
CUISINE
volet coulissant red cedar à claire-voie
étage
vmc
WC
pp 83/204
ENTREE
trappe accès vs
SEJOUR
retombée de poutre 20 cm
isolation laine de roche 12 cm
murs parpaings apparents joints lissés en creux
BAINS
PL
pp 83/204
vent poêle
poêle bois
brique en terre crue h 150
vmc
vent chute
retombée de poutre 20 cm
bardage + calage 006
isolation 012
parpaings 020
parpaings apparents joints lissés en creux / confort d'été
étanchéité à l'air / frein vapeur
CH 1
ossature bois type MBOC
PL
pp 83/204
vent fosse
isol. laine de roche 145 mm ou ouate de cellulose
RGT BOIS (finition sable)
ossature 120/45 traité à coeur
JARDIN D'HIVER
panneaux de polycarbonate
PERGOLA
1520
1310
Nord froid
Est matin
Ouest soir
Sud chaleur

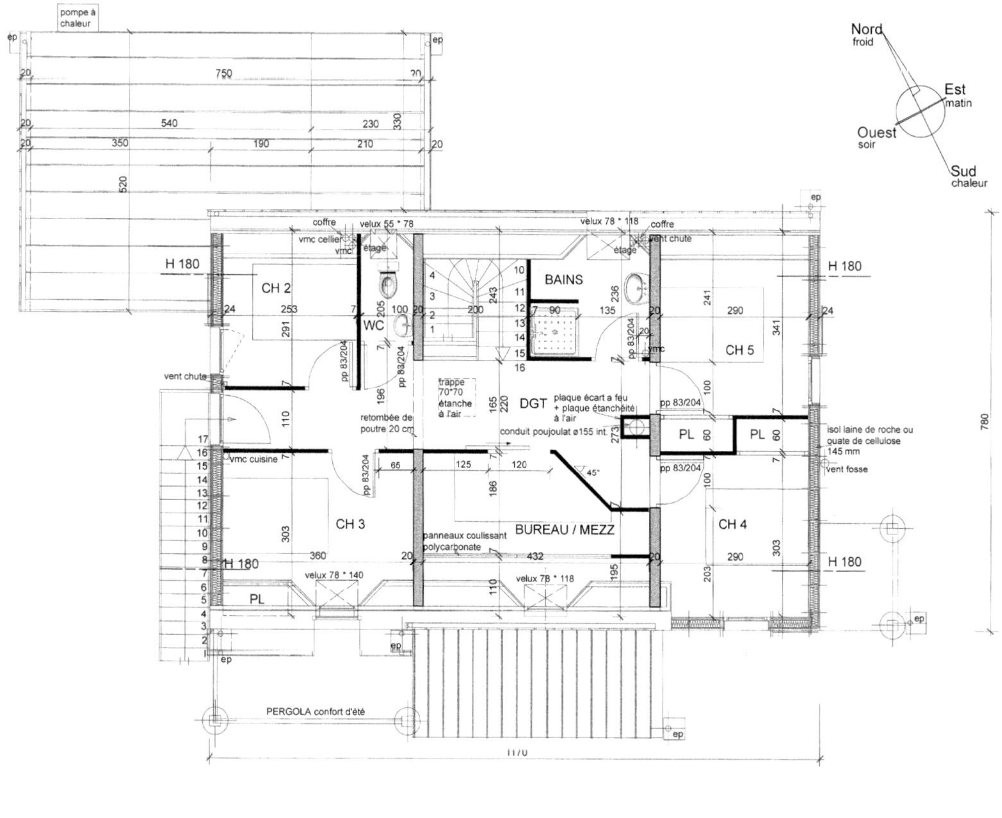

pompe à chaleur
H 180
CH 2
coffre
vmc cellier
vmc
étage
WC
pp 83/204
velux 55 * 78
BAINS
velux 78 * 118
coffre
étage
vent chute
H 180
CH 5
vent chute
vmc cuisine
pp 83/204
H 180
CH 3
velux 78 * 140
trappe 70*70 étanche à l'air
retombée de poutre 20 cm
DGT
conduit poujoulat ø155 int.
panneaux coulissant polycarbonate
velux 78 * 118
plaque écart à feu + plaque étanchéité à l'air
pp 83/204
BUREAU / MEZZ
PL
pp 83/204
isol laine de roche ou ouate de cellulose 145 mm
vent fosse
CH 4
H 180
PL
PERGOLA confort d'été
1170
780
Nord froid
Est matin
Ouest soir
Sud chaleur

There are few openings in the North facing wall. Built with concrete breeze-blocks left unclad in the interior and insulated with a wood frame add-on, a 120mm layer of Rockwool and cladding on the outside, this wall and the adjoining partitions support the wood floor while its intense thermal inertia controls temperatures, contributing to the inhabitants' comfort in both winter and summer.

The walls of the house are 145/45 wood frame with 145mm Rockwool insulation standing on a concrete floor which covers crawlspace foundations composed of 200mm polystyrene slabs and a 50mm layer of extra insulation designed to limit linear thermal transfer.

The 45° pitched roof is covered in natural schistose slates and has a zinc-clad, arched dormer window used for storing wood. The roof is insulated with 300mm Rockwool. The vertical framework and pitch have a steam brake, twice tested for efficiency, to insure air-tightness.

Hay pocas aberturas en la pared orientada al norte. Construida con bloques de hormigón sin revestir en el interior y aislada mediante una estructura adicional de madera, una capa de 120 mm de lana de roca y revestimiento en el exterior, esta pared y los tabiques adyacentes sostienen el piso de madera, mientras su intensa inercia térmica regula las temperaturas, lo que contribuye al confort de los habitantes tanto en invierno como en verano.

Las paredes de la casa son de estructura de madera de 145/45, con un aislamiento de 145 mm de lana de roca, asentadas sobre un suelo de hormigón que cubre cimientos ventilados formados por losas de poliestireno de 200 mm y una capa adicional de 50 mm de aislamiento, diseñada para limitar la transferencia térmica lineal.

El tejado, con una inclinación de 45°, está cubierto de pizarra natural esquistosa y cuenta con una ventana abuhardillada revestida de zinc, utilizada para almacenar leña. El techo está aislado con 300 mm de lana de roca. La estructura vertical y la inclinación incluyen una barrera de vapor, cuya eficiencia ha sido probada dos veces, para garantizar la hermeticidad.

Opposite the swimming pool, a pergola for wisteria forms a link between the kitchen, the terrace and a wood frame conservatory with a polycarbonate roof, double glazed panels and wooden sub-frame, housing a winter garden. The conservatory with its slatted, sliding shutters made of wood and winter garden composed of stones, broken slates and shrubs is designed to procure extra heat in winter and to remain open in summer, thus ensuring natural ventilation for the house.

The combination of all these ecological elements have contributed to the elimination of the thermodynamic heating system and its replacement with back-up heating in the form of a 6 kW wood burning stove plus high performance fluid-filled radiators for an efficiency rating of between 80 and 90 kWhpe/m² per year, which conforms to the French THPE (very high energy performance) label.

Frente a la piscina, una pérgola de glicinas conecta la cocina, la terraza y un invernadero de estructura de madera con techo de policarbonato, paneles de doble acristalamiento y subestructura de madera, que alberga un jardín de invierno. El invernadero, con sus contraventanas correderas de madera, y el jardín de invierno, compuesto por piedras, pizarras rotas y arbustos, están diseñados para proporcionar calor adicional en invierno y mantenerse abiertos en verano, asegurando así la ventilación natural de la casa.

La combinación de todos estos elementos ecológicos ha permitido la eliminación del sistema de calefacción termodinámica, que fue sustituido por una calefacción auxiliar mediante una estufa de leña de 6 kW y radiadores de alto rendimiento con fluido térmico, logrando una eficiencia energética de entre 80 y 90 kWhpe/m² al año, lo que cumple con el estándar francés THPE (muy alto rendimiento energético).

CHALET PAPILLON

Wentworth-Nord, Canada // Architecture: Robitaille Curtis - Andrew Curtis (OAQ, MRAIC, AIA, LEED BD+C) // Principal: Anne Charbit (OAQ), project manager // Landscape Architecture: RobitailleCurtis - Sophie Robitaille (AAPQ, AAPC, CSLA, ASLA) // Principal: Teressa Peill (AAPQ, CSLA) // Structural Engineering - BCA // Mechanical Engineering: MRA // General Contractor: Bois et Nature // Photography: Adrien Williams

Working with the steep, narrow, densely wooded site, the aim was for minimal site disturbance and as little deforestation as possible. To achieve this, the house was positioned parallel to the site contours atop a particularly steep section of exposed granite ledge.

The resulting two-storey house comprises a long, slender volume positioned at an angle to the site boundaries, and an adjacent, perpendicular entry bar that leads in from the parking court. This layout enables views of the lake from two elevations, and for the east end to extend out from between the trees as a dramatic balcony elevated more than 85 feet above the water. Pre-weathered cedar cladding was chosen to match the grey tones of tree bark in the immediate context, and a standing-seam metal roof continues this colour palette for a unified appearance. The result is a home at one with its surroundings.

Throughout the home's interior, light materials and minimalist detailing create a feeling of spaciousness on the efficient floor plan. White walls, concrete floors, and pale timber all contribute to the bright and airy atmosphere inside. The primary living spaces are located on the upper level, which is largely open plan and flooded with daylight.

A pitched, wood-lined ceiling echoes the shape of the roof outside and draws the eye to the dramatic view of its terminus. A long band of glazing along the south-west facade has a similar effect and offers a panoramic vista of the water during winter months. Custom built-in plywood seating runs below the window, creating spots to gaze out at the landscape, and linking the kitchen peninsula to the home's hearth in the living room.

On the opposite north facade, tall picture windows have been carefully positioned to frame views of the trees and bring in additional daylight, critically over the staircase and down to the lower level. At night, a pair of delicately thin linear lighting elements evenly illuminates the living area's wood ceiling, adding to the warm and inviting atmosphere. The primary bedroom is also tucked at the back of this main volume and utilizes the bathroom beside the main entrance—at the clients' request.

Trabajando con un terreno empinado, angosto y densamente arbolado, el objetivo era minimizar el impacto en el sitio y reducir al máximo la deforestación. Para lograrlo, la casa se ubicó de forma paralela a las curvas de nivel del terreno, sobre una sección particularmente inclinada de roca de granito expuesta.

La casa resultante, de dos plantas, se compone de un volumen largo y esbelto, posicionado en ángulo con los límites del terreno, junto a una entrada perpendicular que conecta con la zona de estacionamiento. Esta disposición permite vistas del lago desde dos fachadas, y que el extremo este se extienda entre los árboles como un dramático balcón elevado a más de 25 metros sobre el agua. Se eligió un revestimiento de cedro envejecido para que combinara con los tonos grises de la corteza de los árboles circundantes, mientras que el techo de metal de junta alzada continúa esta paleta de colores, creando una apariencia unificada. El resultado es una casa en total armonía con su entorno.

En el interior, materiales claros y detalles minimalistas crean una sensación de amplitud en el diseño eficiente del plano de la casa. Paredes blancas, suelos de hormigón y madera clara contribuyen a una atmósfera luminosa y aireada. Los espacios principales de la vivienda se encuentran en el nivel superior, en su mayoría de planta abierta y bañados de luz natural.

Un techo inclinado revestido de madera refleja la forma del tejado exterior y dirige la vista hacia el imponente paisaje en su extremo. Una larga franja de acristalamiento a lo largo de la fachada suroeste tiene un efecto similar, ofreciendo una vista panorámica del agua durante los meses de invierno. Un asiento de madera contrachapada hecho a medida corre bajo la ventana, creando espacios para contemplar el paisaje y conectando la península de la cocina con la chimenea de la sala de estar.

En la fachada opuesta, al norte, se han colocado cuidadosamente grandes ventanales para enmarcar las vistas de los árboles y dejar entrar más luz natural, especialmente sobre la escalera que conduce al nivel inferior. Por la noche, un par de delgados elementos de iluminación lineal iluminan uniformemente el techo de madera de la sala de estar, aportando calidez y un ambiente acogedor. El dormitorio principal, ubicado discretamente al fondo de este volumen principal, utiliza el baño junto a la entrada principal, tal como solicitaron los propietarios.

Site section

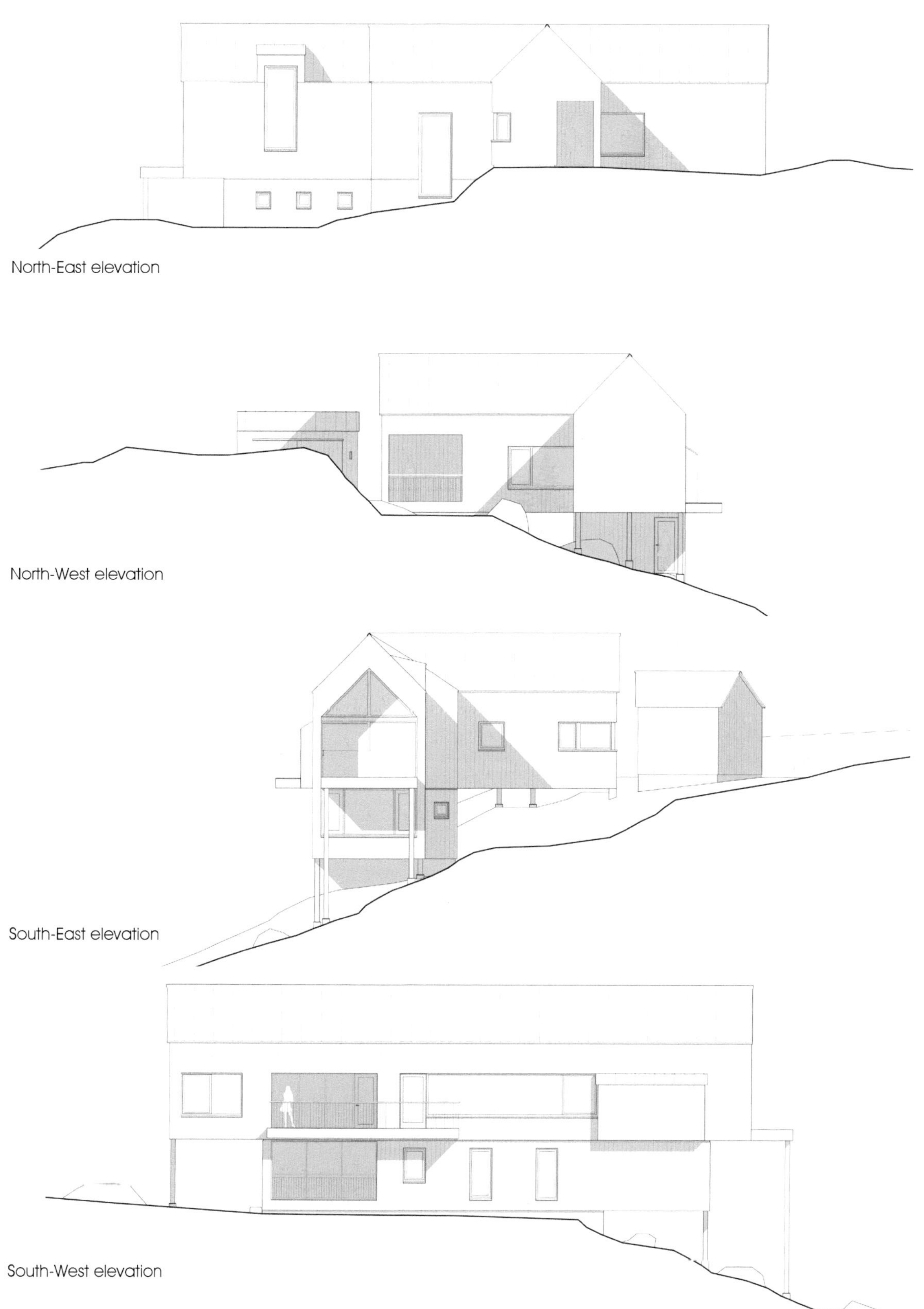

North-East elevation

North-West elevation

South-East elevation

South-West elevation

Main floor

1. Driveway
2. Parking area
3. Shed
4. Covered bridge
5. Entry hall
6. Closet/storage
7. Bathroom
8. Steam shower
9. Pantry
10. Kitchen
11. Dining room
12. Banquette
13. Fireplace
14. Living room
15. Outdoor lounge area
16. Stairs to lower floor
17. Screened porch/outdoor dining
18. Balcony
19. Primary bedroom

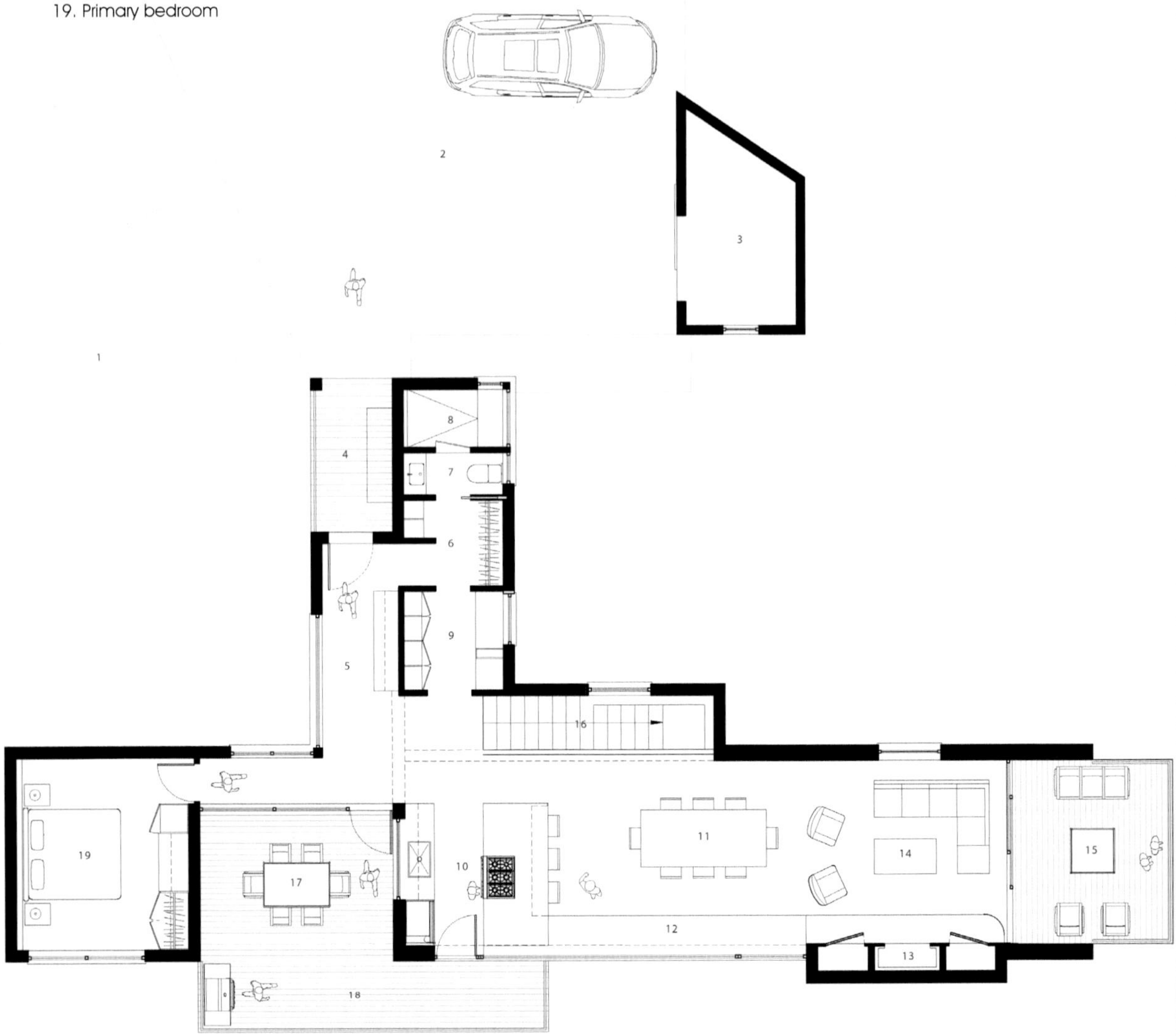

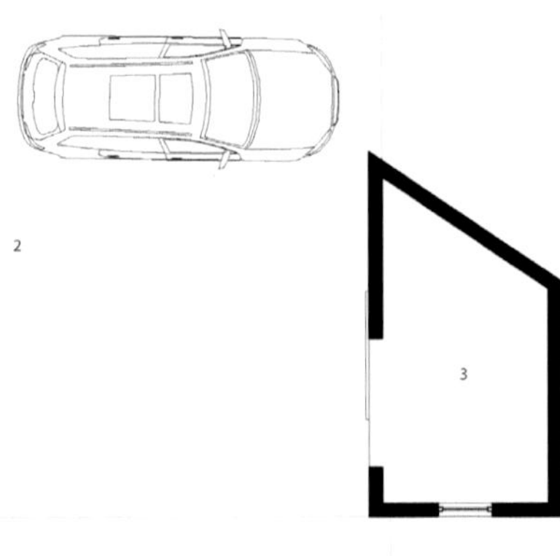

Lowe floor

1. Stairs to main floor
2. Lower hallway
3. Playroom/Living
4. Bunk Beds
5. Bedroom 1
6. Bedroom 2
7. Bathroom
8. Storage under stairs
9. Laundry room
10. Porch
11. Machanical room
12. Access to pathway & lake

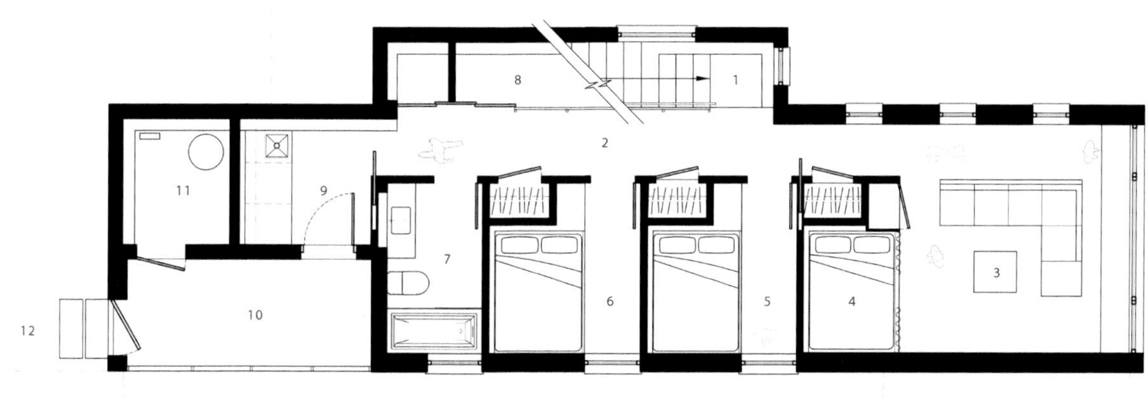

Downstairs, clever spatial planning has allowed for three bunk bedrooms (all with queen-size beds), a bathroom, ancillary spaces, and an additional cozy living/ playroom. Carefully laid out in a row, each of the compact bedrooms has a large window, and closet space accessed from the corridor. With this configuration, the chalet can sleep 12 people.

Both levels of the home have access to covered, operable screened porches, enabling outdoor dining and relaxation in adverse weather or without the bother of bugs. As extensions of the living spaces, these terraces better connect the residence with the landscape. The lower porch also leads out to an intentionally designed path that snakes down through the trees, eventually reaching the water's edge. Altogether, this residence provides the perfect setting for the family to entertain guests, launch year-round weekend adventures, and enjoy the tranquility of such a scenic location.

En la planta baja, una planificación inteligente del espacio ha permitido incluir tres dormitorios con literas (todos con camas tamaño queen), un baño, espacios auxiliares y una acogedora sala de estar/juegos adicional. Dispuestos cuidadosamente en fila, cada uno de los compactos dormitorios cuenta con una gran ventana y espacio de armario accesible desde el pasillo. Con esta distribución, el chalet puede alojar hasta 12 personas.

Ambos niveles de la casa tienen acceso a porches cubiertos y con mosquiteros operables, lo que permite disfrutar de comidas al aire libre y relajarse, incluso en condiciones climáticas adversas o sin la molestia de los insectos. Como extensiones de los espacios habitables, estas terrazas conectan mejor la residencia con el entorno natural. El porche inferior también conduce a un sendero diseñado intencionadamente, que serpentea entre los árboles hasta llegar a la orilla del agua. En conjunto, esta residencia ofrece el escenario perfecto para que la familia reciba invitados, emprenda aventuras de fin de semana durante todo el año y disfrute de la tranquilidad de un lugar tan pintoresco.

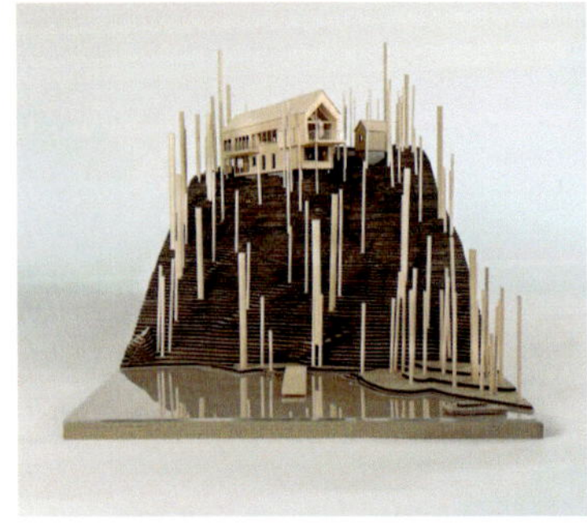

3D models

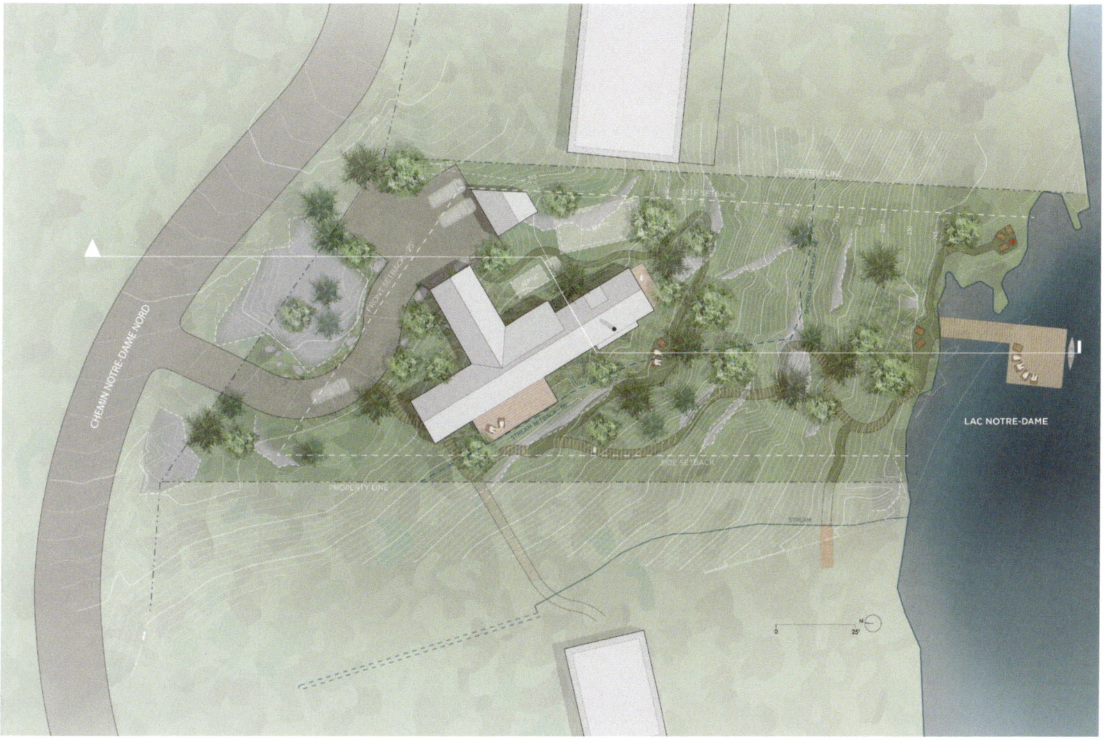

Site map

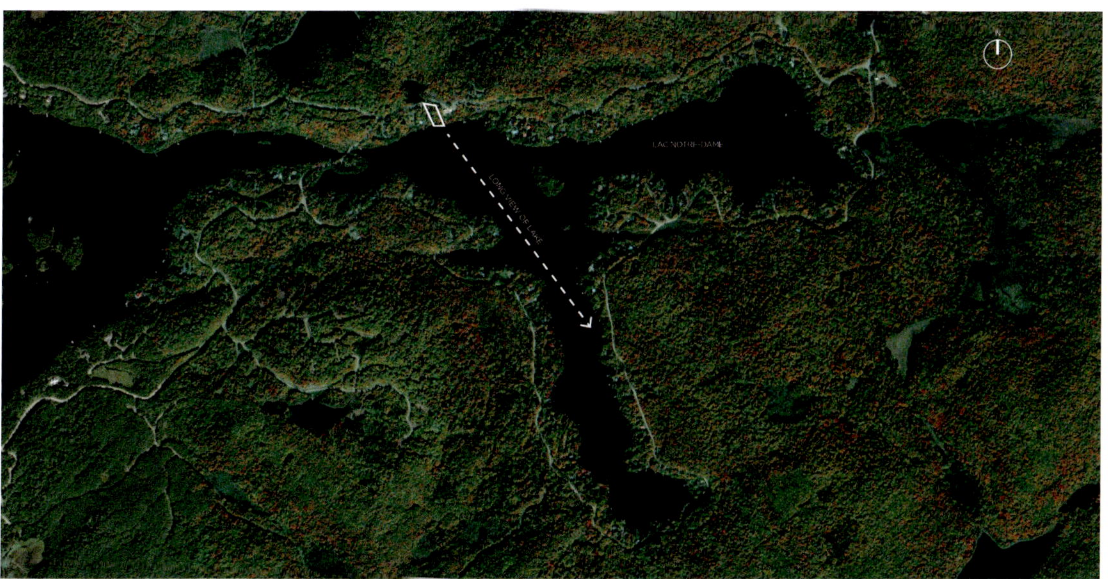

Aerial view

ROCKBOUND

Hubbards, Canada // Architecture: Omar Gandhi Architects // Single Family - New Construction Builders: MRB Contracting // Engineer: Blackwell Structural Engineers // Photography: Ema Peter

The clients for Rockbound had a unique vision - a refuge from their busy lives, a shelter from the outside world, and yet intimately connected to the ever-changing beauty of the bay. Perched atop a rocky shoreline, this stunning architectural wonder was crafted to embrace the pristine views of islands and the vast Atlantic Ocean, while protecting against the challenging winds and storms that sweep through the bay.

Resilient Design Embracing Changing Weather Patterns.
Rockbound exemplifies a forward-thinking approach to building design, where durability and adaptability to changing weather patterns are paramount considerations. The architects chose materials with naturally weathering characteristics, allowing the building to age gracefully and to tell the story of its place in the landscape. The structure emerges from the rocky terrain, mirroring the coastline's contours, and its primary living spaces run parallel to the water, offering breathtaking panoramic views along the coast and across the bay to the iconic Peggy's Cove Lighthouse.

Innovative Engineering Concealed Within Elegance.
Beyond its visually striking exterior, the true innovation of Rockbound lies in the unseen engineering. During construction, the discovery of a seam in the bedrock threatened to derail the entire project. However, through ingenious collaboration between the structural engineer and the project architect, a system of micro-piles was strategically located to redistribute loads, ensuring the building's stability and structural integrity. The steel and wood frame was meticulously designed to resist hurricane-force winds, all the while maintaining a sense of delicateness and grace.

A Harmonious Dance of Interior and Exterior.
Approaching the building from the public side, a sense of privacy and shelter welcomes visitors. The front door, carefully positioned within the foyer, tantalizes with hints of what lies beyond. Stepping around the corner, the space opens up, revealing breathtaking vistas of the water. Warm tones of tile and millwork create a harmonious counterbalance to the cool greys and blues of the bay, enveloping occupants in a serene and inviting atmosphere.

Los clientes de Rockbound tenían una visión única: un refugio de sus agitadas vidas, un resguardo del mundo exterior, pero al mismo tiempo íntimamente conectado con la belleza siempre cambiante de la bahía. Ubicada sobre una costa rocosa, esta impresionante maravilla arquitectónica fue diseñada para abrazar las vistas inmaculadas de las islas y del vasto océano Atlántico, al mismo tiempo que protege de los vientos y tormentas que azotan la bahía.

Diseño Resiliente que Abraza los Patrones Climáticos Cambiantes.
Rockbound ejemplifica un enfoque innovador en el diseño arquitectónico, donde la durabilidad y la capacidad de adaptación a los patrones climáticos cambiantes son consideraciones fundamentales. Los arquitectos eligieron materiales con características naturales de envejecimiento, permitiendo que el edificio envejezca con gracia y cuente la historia de su integración en el paisaje. La estructura emerge del terreno rocoso, imitando los contornos de la costa, y sus principales espacios habitables se extienden en paralelo al agua, ofreciendo impresionantes vistas panorámicas a lo largo de la costa y de la bahía, hasta llegar al emblemático faro de Peggy's Cove.

Ingeniería Innovadora Oculta en la Elegancia.
Más allá de su impactante exterior, la verdadera innovación de Rockbound reside en la ingeniería invisible. Durante la construcción, el descubrimiento de una fisura en la roca madre amenazó con descarrilar todo el proyecto. Sin embargo, gracias a una colaboración ingeniosa entre el ingeniero estructural y el arquitecto del proyecto, se diseñó un sistema de micropilotes estratégicamente ubicados para redistribuir las cargas, asegurando la estabilidad y la integridad estructural del edificio. El armazón de acero y madera fue meticulosamente diseñado para resistir vientos de fuerza huracanada, manteniendo a la vez una sensación de delicadeza y gracia.

Una Fusión Armoniosa entre Interior y Exterior.
Al acercarse al edificio desde el lado público, se percibe una sensación de privacidad y resguardo que recibe a los visitantes. La puerta principal, cuidadosamente posicionada en el vestíbulo, insinúa lo que se oculta más allá. Al girar la esquina, el espacio se abre, revelando impresionantes vistas del agua. Los tonos cálidos de los azulejos y la carpintería crean un contrapeso armonioso con los fríos grises y azules de la bahía, envolviendo a los ocupantes en una atmósfera serena y acogedora.

Intimate Connection with the Surrounding Landscape.
Large, covered decks at Rockbound blur the boundaries between indoors and outdoors, drawing the crashing waves and the essence of nature into the living spaces, while offering shelter from the sun and changing weather conditions. The bedroom volume, seemingly hovering above the main living spaces, provides a quiet and private sanctuary that feels entirely immersed in the landscape.

A Testament to Collaboration and Vision.
Rockbound's realization was the result of a harmonious collaboration between a strong team of builders and consultants. Each member contributed expertise and material knowledge, pushing the boundaries of design. From steel hoops framing windows for visual interest and climatic control, to hidden garage doors and meticulously coordinated cladding, the team achieved seamless coursing lines that beautifully traced the building's volumes.

Conexión Íntima con el Paisaje Circundante.
Las amplias terrazas cubiertas de Rockbound difuminan los límites entre el interior y el exterior, trayendo las olas rompientes y la esencia de la naturaleza hacia los espacios habitables, mientras ofrecen refugio del sol y de las cambiantes condiciones climáticas. El volumen del dormitorio, que parece flotar sobre las áreas principales, proporciona un santuario tranquilo y privado, completamente inmerso en el paisaje.

Un Testimonio de Colaboración y Visión.
La realización de Rockbound fue el resultado de una colaboración armoniosa entre un equipo sólido de constructores y consultores. Cada miembro aportó su experiencia y conocimiento de materiales, desafiando los límites del diseño. Desde aros de acero que enmarcan las ventanas para crear interés visual y control climático, hasta puertas de garaje ocultas y revestimientos cuidadosamente coordinados, el equipo logró líneas continuas impecables que realzan la forma y el volumen del edificio.

A Building Shaped by Client Vision.
Central to the success of Rockbound was the strong collaboration with the clients, whose desires and needs shaped the project's form and texture. Through innovative thinking and pushing beyond the initial brief, the architects unlocked new potentials and opportunities that resulted in dynamic and exciting spaces. The interplay of light and shadow, the careful consideration of perspectives, and the variety of spaces combine to deliver an exquisite and unique coastal retreat.

Ultimately, Rockbound is an architectural wonder that embodies the harmony between nature and design, showcasing resilient features that adapt to changing weather patterns.

Un Edificio Diseñado Según la Visión del Cliente.
Un elemento central del éxito de Rockbound fue la sólida colaboración con los clientes, cuyos deseos y necesidades dieron forma a la forma y la textura del proyecto. Mediante un pensamiento innovador y superando las especificaciones iniciales, los arquitectos descubrieron nuevos potenciales y oportunidades que dieron como resultado espacios dinámicos y emocionantes. El juego de luces y sombras, la cuidadosa consideración de las perspectivas y la variedad de espacios se combinan para ofrecer un refugio costero exquisito y único.

En definitiva, Rockbound es una maravilla arquitectónica que encarna la armonía entre la naturaleza y el diseño, mostrando características resilientes que se adaptan a los patrones climáticos cambiantes.

LA CORNETTE

Township of Cleveland, Québec // Architecture: yh2 Architecture // yh2 design team: Marie-Claude Hamelin, Loukas Yiacouvakis // Project manager: yh2 // Builder: Emmanuel Yiacouvakis //
Photography: Loukas Yiacouvakis, Francis Pelletier

Built on the slope of a small hill, La Cornette is a country house open to the pastoral landscape that surrounds it. Under a soaring roof resembling a nun's cornet wimple is a roomy dwelling modelled on traditional Quebec houses of old that lodged large families and their relatives. This house for celebrations and holidays, designed for two families, is set into the naturally uneven terrain in a way that brings each level into direct contact with the surrounding natural environment. It offers a resting place for all guests under its large gable in a series of bedrooms and unusual sleeping areas.

An out-scaled structure, like the agricultural buildings that surround it, the house is both traditional in its morphology and innovative in its use of materials. Shingled with raw fibre-cement panels on the walls and roof, it is a house beyond the domestic scale, simple and rot-proof, capable of standing the test of time. The house is striated with bands of horizontal windows, giant louvers that cut the sun at its most powerful, with new points of view at each level. It is protected by its wimple from the hot summer sun and inundated with light in the winter, needing neither air-conditioning nor heating on sunny days.

Construida en la ladera de una pequeña colina, La Cornette es una casa de campo abierta al paisaje pastoral que la rodea. Bajo un imponente techo que recuerda a la toca de una monja, se encuentra una espaciosa vivienda inspirada en las tradicionales casas de Quebec, que albergaban a grandes familias y sus parientes. Esta casa, diseñada para celebraciones y vacaciones, fue pensada para dos familias y se integra al terreno irregular de manera que cada nivel tiene contacto directo con el entorno natural. Ofrece un lugar de descanso para todos los huéspedes bajo su amplio tejado a dos aguas, con una serie de dormitorios y espacios inusuales para dormir.

La estructura, de proporciones exageradas como los edificios agrícolas que la rodean, es tradicional en su morfología pero innovadora en el uso de materiales. Revestida con paneles de fibrocemento en bruto en las paredes y el techo, la casa trasciende la escala doméstica: es sencilla, resistente a la putrefacción y capaz de soportar el paso del tiempo. Está atravesada por bandas de ventanas horizontales y grandes celosías que tamizan el sol en sus momentos más intensos, ofreciendo nuevas perspectivas en cada nivel. Protegida por su tejado de los intensos rayos solares en verano e inundada de luz en invierno, la casa no requiere ni aire acondicionado ni calefacción en los días soleados.

Site map

The interior is in wood, painted or natural, in planks or panels, composed almost exclusively of made-to-measure furniture pieces:
• From the refectory table for meals to the day table with hideaway television set;
• From the large wraparound couch in the living room to the stainless-steel kitchen island;
• From the balustrade bookshelf along the stairway to the wall night-lights made of aluminum panels with cut-outs of fireflies, fish, and frogs;
• From wall-to-wall beds where people sleep foot-to-foot to overhanging bunk beds floating in the landscape

It is a playground for architects, children, and adults, a vacation colony lost in the countryside.

El interior está diseñado en madera, ya sea pintada o natural, en tablones o paneles, y se compone casi exclusivamente de muebles a medida:
• Desde la mesa del refectorio para las comidas hasta la mesa del día con un televisor oculto;
• Desde el amplio sofá en forma de L en la sala de estar hasta la isla de cocina de acero inoxidable;
• Desde la estantería tipo barandilla a lo largo de la escalera hasta las luces nocturnas de pared, hechas de paneles de aluminio con recortes de luciérnagas, peces y ranas;
• Desde camas de pared a pared donde las personas duermen pies a pies hasta literas suspendidas que flotan en el paisaje.

Es un espacio de juego para arquitectos, niños y adultos, una colonia vacacional perdida en el campo.

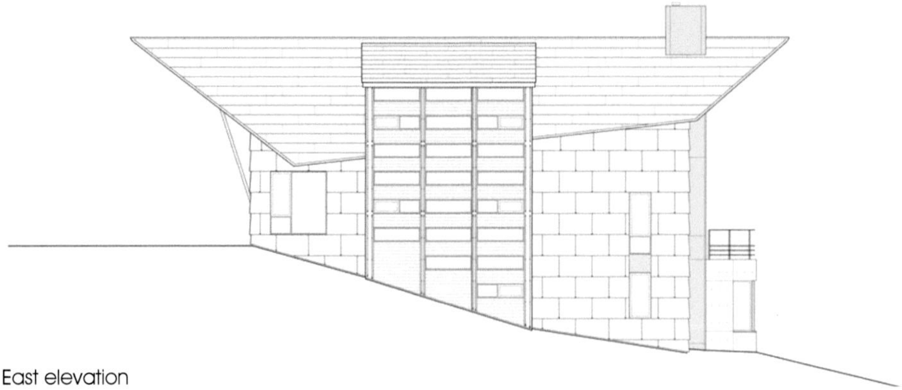

East elevation

West elevation

South elevation

North elevation

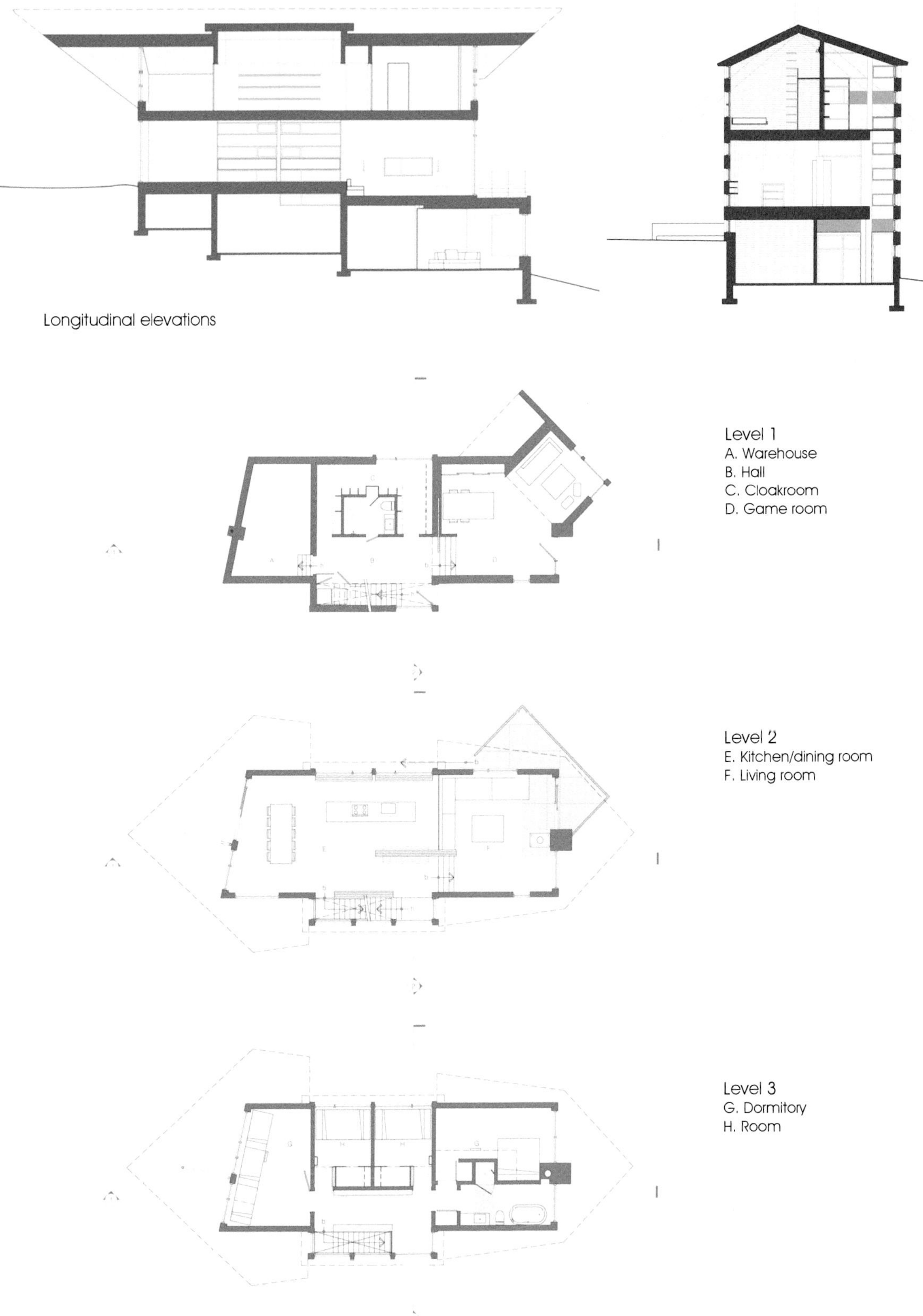

Longitudinal elevations

Level 1
A. Warehouse
B. Hall
C. Cloakroom
D. Game room

Level 2
E. Kitchen/dining room
F. Living room

Level 3
G. Dormitory
H. Room

MALBAIE V

Cap-à-l'Aigle, La Malbaie, Québec // Architecture: MU Architecture // Project team: Charles Côté, Jean-Sébastien Herr, Audrée Lavallée, Myriam Varay // Client : Florent Moser (Les Terrasses Cap-à-l'Aigle) // Contractor : Florent Moser/ Alain Rajotte // Structural Engineer : I-Level // Photography: Ulysse Lemerise Bouchard (YUL Photo)

Located in the magnificent region of Cap-à-l'Aigle in the heart of Charlevoix, the Malbaie V residence is part of a unique residential hillside development offering stunning views of La Malbaie, the St. Lawrence River and the surrounding mountains.

The clear and simple external play of geometrical volumes embracing one another seems to arise from the steep terrain. The house is fully covered with a green roof that facilitates its integration into the landscape and acts as an insulating layer as well as helping reduce heat build-up in summer. A wide gateway acting as a carport and covered entrance rests on a retaining wall/storage unit that was necessary given the condition of the very steep terrain. Retaining walls of the lower bearing has been achieved by moving large round stones recovered during the construction of the street above.

On the ground floor, the sequence from the entrance to the main room allows for discovery through large continuous open plan absent of any apparent structure. An abundance of openings from east to west, the result of a perfect combination of solar motion, orientation and views sought, provides permanent natural light as well as optimal energy efficiency. The lower level accommodates four bedrooms and two full bathrooms arranged in a linear way following a clear axis perpendicular to the main volume above allowing for each room to get a view. The simplicity of the materials used, types of natural wood for the floor and ceiling accentuates the dramatic perspective of the main corridor.

The high contrast in the choice of coating materials increases the strength of the connection between the volumes. Flanked with red cedar from British Columbia on the upper volume and dyed barn wood on the lower one, the house seems to be born of the mountain and sits in harmony with surrounding trees.

Ubicada en la magnífica región de Cap-à-l'Aigle, en el corazón de Charlevoix, la residencia Malbaie V forma parte de un exclusivo desarrollo residencial en la ladera que ofrece impresionantes vistas de La Malbaie, el río San Lorenzo y las montañas circundantes.

El claro y sencillo juego exterior de volúmenes geométricos entrelazados parece surgir del terreno escarpado. La casa está completamente cubierta por un techo verde, lo que facilita su integración en el paisaje, además de actuar como capa aislante y contribuir a reducir el calentamiento en verano. Un amplio portal, que funciona como cochera y entrada cubierta, descansa sobre un muro de contención/almacenamiento que fue necesario debido a las condiciones del terreno extremadamente empinado. Los muros de contención en la parte inferior se construyeron desplazando grandes piedras redondeadas recuperadas durante la construcción de la calle superior.

En la planta baja, el recorrido desde la entrada hasta la sala principal invita al descubrimiento a través de un amplio espacio abierto continuo, sin estructuras visibles. Las numerosas aperturas de este a oeste, fruto de una perfecta combinación entre el movimiento solar, la orientación y las vistas buscadas, proporcionan luz natural permanente y eficiencia energética óptima. El nivel inferior alberga cuatro dormitorios y dos baños completos, dispuestos de manera lineal siguiendo un eje claro perpendicular al volumen principal, lo que permite que cada habitación disfrute de una vista. La simplicidad de los materiales empleados, como los tipos de madera natural utilizados para el suelo y el techo, acentúa la perspectiva dramática del corredor principal.

El alto contraste en la elección de los materiales de revestimiento refuerza la conexión entre los volúmenes. Concedida con cedro rojo de Columbia Británica en el volumen superior y madera teñida de granero en el inferior, la casa parece surgir de la montaña y se integra en armonía con los árboles circundantes.

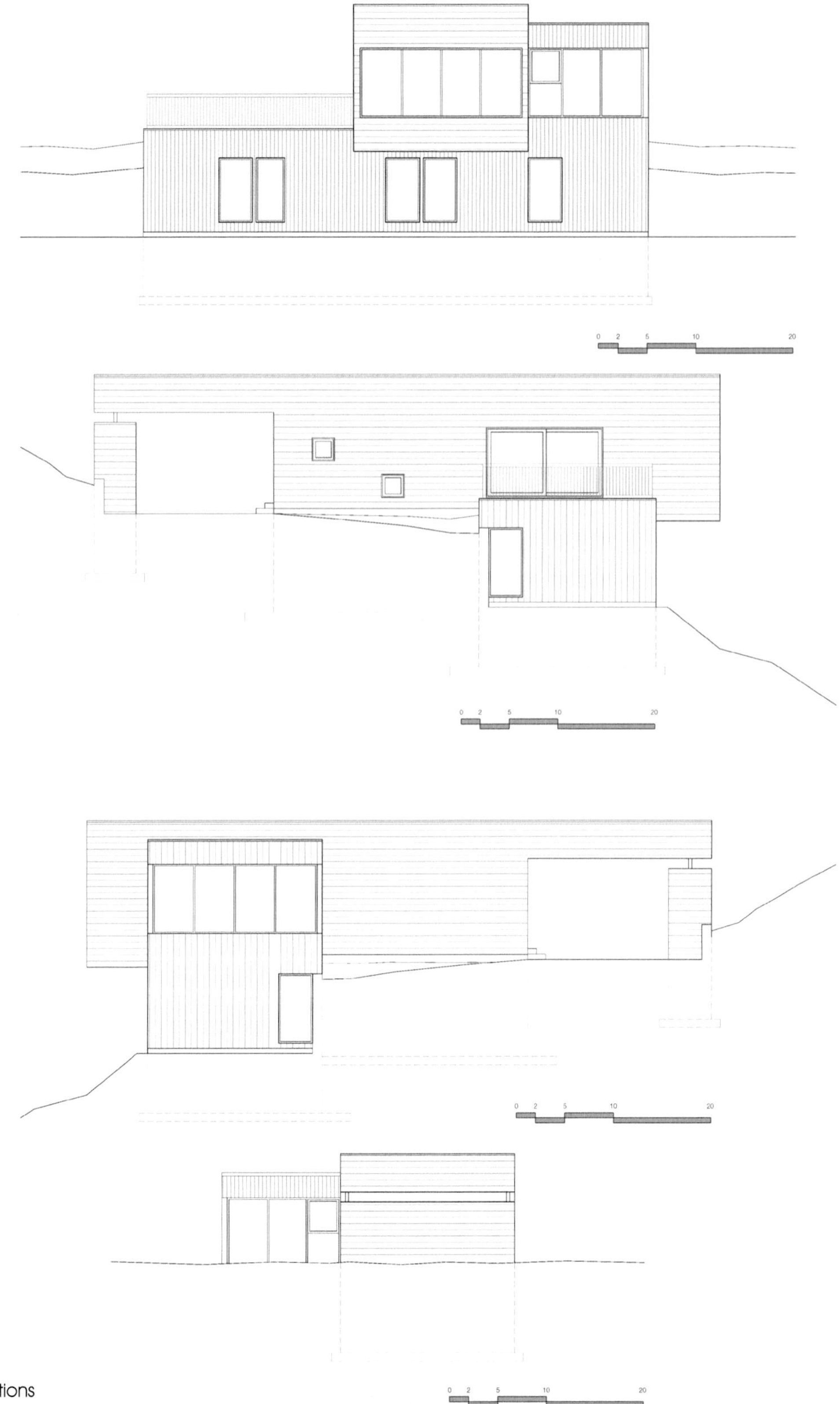

Elevations

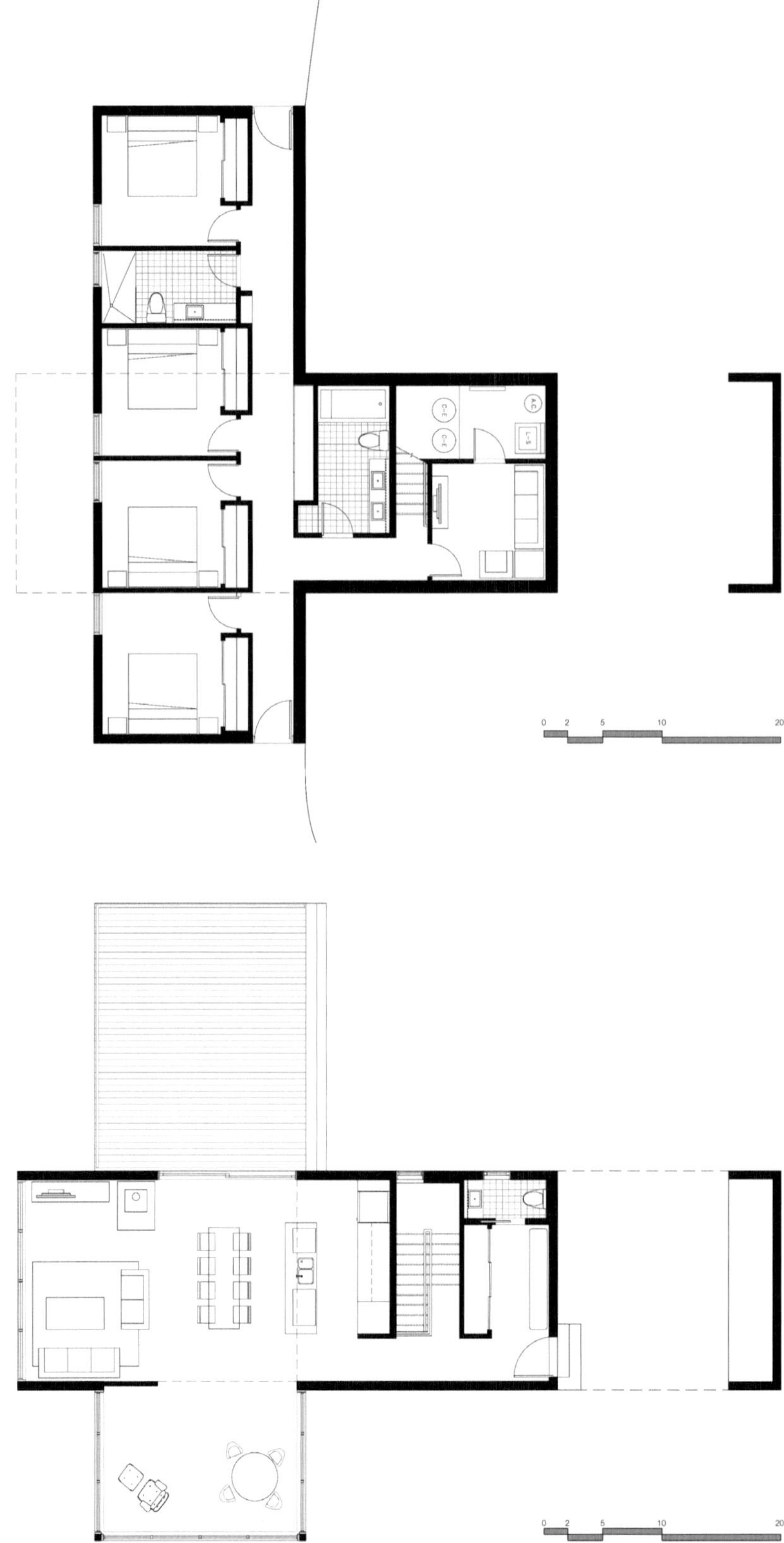

Floor plan

MALBAIE VIII RESIDENCE, LA GRANGE

Cap-à-l'Aigle, Charlevoix, Quebec // Architecture: MU Architecture // Project team: Charles Côté, Jean-Sébastien Herr, Jean-Philippe Bellemare, Pierre-Alexandre Rhéaume, Sabrina Charbonneau // Client : Florent Moser, Alain Rajotte // Structural Engineer: Chevrons Charlevoix // Photography: Ulysse Lemerise Bouchard (YUL Photo)

"La Grange", the new residence of the "Terrasses Cap-à-l'Aigle" development, is situated in the magnificent Charlevoix region. Its architecture highlights the rugged charm of the site while framing the breathtaking views of the St. Lawrence River. Located atop a ridge and surrounded by the neighboring forest, this large house dominates the site with its two storey height.

The reinterpretation of the traditional barn found in the area is the driving force of the architectural concept. Fully wrapped in a dark gray metal cladding on its sides and roof, the residence protected from the elements features a familiar form. Three volumetric cuts in the main volume, coated in white cedar planks are made to clearly mark the entrance on ground-floor and create space for two terraces on the upper floor. As if the metal skin had been stripped off to reveal a more fragile interior, the envelope evokes the idea of a tree's bark protecting its inner core.

The experience of the house takes root in the basement, within its wood cladded and concrete formed walls, where a large playroom and children's dormitory cohabit. At the ground level, the main lobby, entirely covered in wood, welcomes you in a cozy spa-like atmosphere. From the main entrance you can access four large en-suite bedrooms and the main staircase. In contrast to the white cedar walls, the railing of the staircase is made entirely of raw hot rolled steel. With surprising lightness it acts as a backbone connecting the different levels of the house.

"La Grange", la nueva residencia del desarrollo "Terrasses Cap-à-l'Aigle", está situada en la magnífica región de Charlevoix. Su arquitectura resalta el encanto rústico del lugar, enmarcando las impresionantes vistas del río San Lorenzo. Ubicada en lo alto de una cresta y rodeada por el bosque vecino, esta amplia casa se impone en el sitio con su altura de dos pisos.

La reinterpretación del tradicional granero de la zona es el motor del concepto arquitectónico. Completamente revestida en un metal gris oscuro tanto en los laterales como en el techo, la residencia, protegida de los elementos, presenta una forma familiar. Tres cortes volumétricos en el cuerpo principal, revestidos con tablones de cedro blanco, marcan claramente la entrada en la planta baja y crean espacio para dos terrazas en el piso superior. Como si se hubiera retirado la piel metálica para revelar un interior más frágil, el revestimiento evoca la idea de la corteza de un árbol protegiendo su núcleo interno.

La experiencia de la casa comienza en el sótano, con sus paredes revestidas de madera y moldeadas en concreto, donde coexisten una amplia sala de juegos y un dormitorio infantil. En el nivel principal, el vestíbulo principal, completamente cubierto de madera, te recibe en una atmósfera cálida similar a la de un spa. Desde la entrada principal se accede a cuatro amplias habitaciones con baño en suite y a la escalera principal. En contraste con las paredes de cedro blanco, la barandilla de la escalera está hecha completamente de acero laminado en caliente sin tratar. Con una sorprendente ligereza, actúa como columna vertebral que conecta los distintos niveles de la casa.

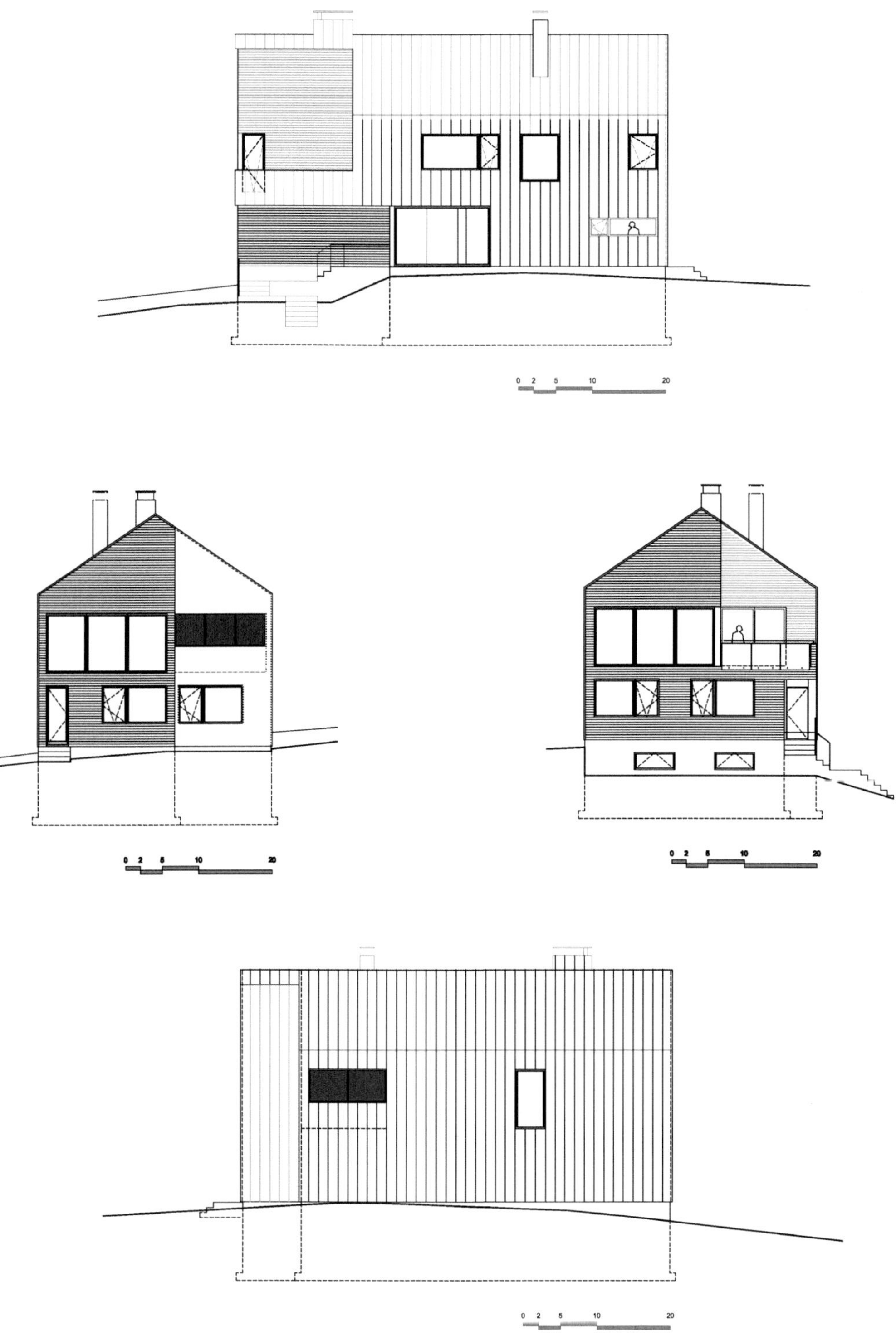

Elevations

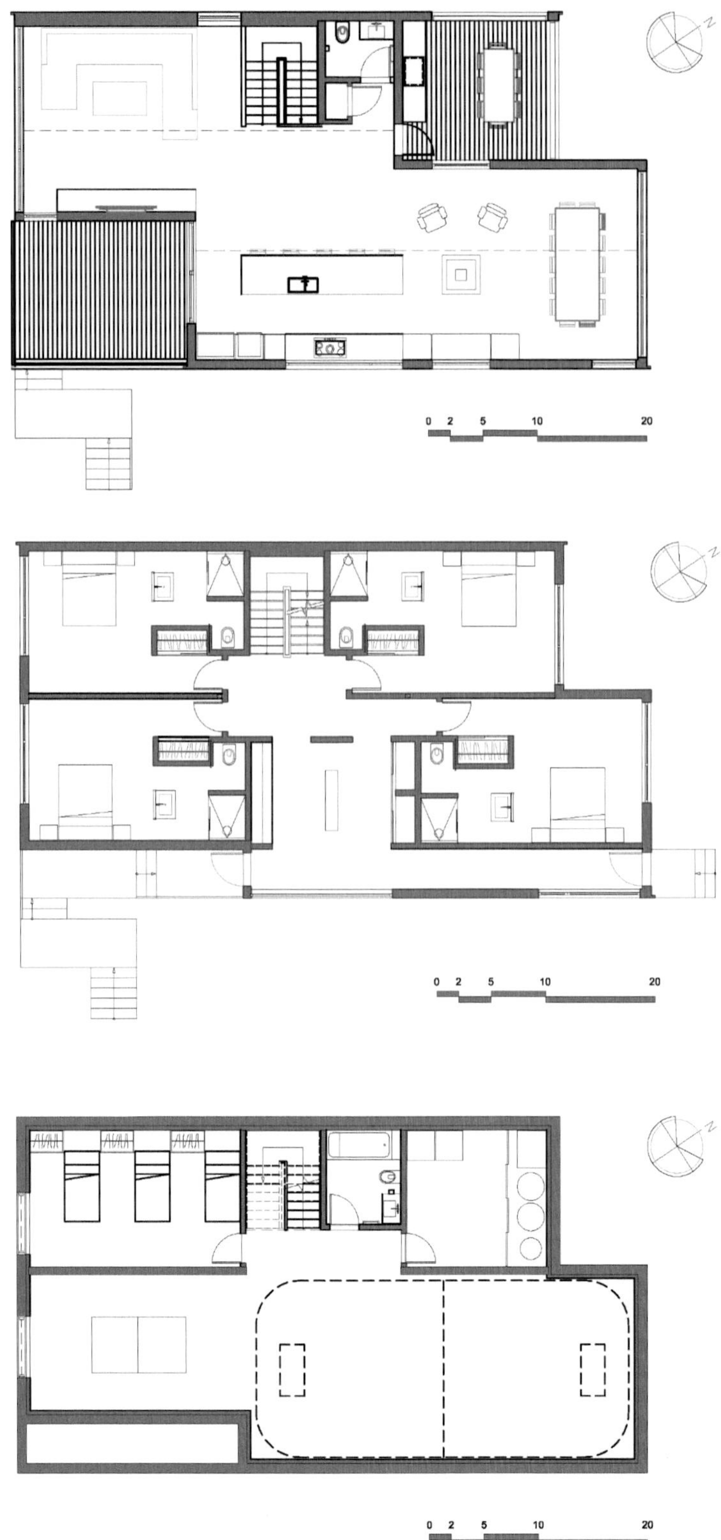

Floor plan

As we move from the basement to the top floor, we enter the living spaces overlooking the forest and the surrounding area. We gradually discover framed views of trunks, branches and foliage as our eyes are lost over the distant mountains. The upper level reveals itself as a large open plan with kitchen, dining, lounge and living space. The mirror effect of radiant concrete floor accentuates the fluidity of the space and reflects the abundant natural light onto cedar walls and ceiling. Under an impressive cathedral ceiling, a fireplace is conveniently placed in the center of the open plan to unify the various activities of reading, cooking, eating and relaxing. The ambiance of the space plunges us into a comfort similar to that of old wooden homes. At night, low light levels slip the ceilings into shadow creating a warm but mysterious atmosphere that evokes the traditional Québécois evenings of yesteryear.

A medida que subimos del sótano al último piso, entramos en los espacios de vida que dominan el bosque y el entorno circundante. Gradualmente descubrimos vistas enmarcadas de troncos, ramas y follaje mientras nuestra mirada se pierde en las montañas lejanas. El nivel superior se revela como un gran espacio abierto que integra cocina, comedor, sala y salón. El efecto espejo del suelo radiante de hormigón acentúa la fluidez del espacio y refleja la abundante luz natural sobre las paredes y el techo de cedro. Bajo un imponente techo de estilo catedral, una chimenea está estratégicamente colocada en el centro del espacio abierto para unificar las diversas actividades: leer, cocinar, comer y relajarse. La atmósfera del espacio nos envuelve en una sensación de confort similar a la de las antiguas casas de madera. Por la noche, los bajos niveles de luz sumergen los techos en sombras, creando un ambiente cálido pero misterioso que evoca las tradicionales veladas quebequenses de antaño.

T HOUSE

Sutton, Quebec, Canada // Architecture: Natalie Dionne Architecture // Project managers: Natalie Dionne //
Clients Name: Not available - Owners encourage the use of Quebec made products, furniture and art //
Design team: Natalie Dionne, Martin Laneuville, Claude Lafrance and Marie -Andrée Larivière //
Photography: Marc Cramer
Collaborators: General Contractor: Roger Elijah. Structural Engineering: Alain Mousseau -Calculatec consulting engineers Inc. Cabinetmaker: Stéphane Bilodeau. Landscape Horticulturist: Jocelyn Lussier Topia Garden Solutions. Green Building Consultant: Jean -Philippe Beaulieu, engineer synAIRgis

---

T HOUSE, a country retreat in Quebec's Eastern Townships was designed by NDA for a busy urban Montreal family. It is inspired from the writings of Pliny the Younger, whose sensual descriptions of two large Italian villas dating back to antiquity stimulate the imagination and compels us to contemplate one's place in the surrounding landscape.

The house was placed in a forest clearing on a plateau high up on a hillside offering beautiful vistas to rolling agricultural valleys and distant mountains. Upon arrival, two sparsely fenestrated volumes reveal themselves as blocks gently deposited on a field of green. The first volume, 2 –storey and roughly cubic in shape is clad with wood siding. The second, a single-storey 24m long rectangle, embedded in the ground at one end and cantilevered over the hill at the other end is wrapped in composite cement panels. The center of the composition is an empty space of transition between these two volumes: transparently opening onto a spectacular panorama of Appalachian mountain ridges with Mount Sutton peaking on the horizon.

La T HOUSE, un refugio campestre en los Eastern Townships de Quebec, fue diseñada por NDA para una familia ocupada de Montreal. La inspiración proviene de los escritos de Plinio el Joven, cuyas descripciones sensuales de dos grandes villas italianas de la antigüedad estimulan la imaginación y nos invitan a reflexionar sobre nuestro lugar en el paisaje circundante.

La casa se ubicó en un claro del bosque, en un altiplano en lo alto de una colina, ofreciendo hermosas vistas de los valles agrícolas ondulantes y las montañas distantes. Al llegar, dos volúmenes con pocas ventanas se revelan como bloques suavemente depositados sobre un campo verde. El primer volumen, de dos pisos y forma casi cúbica, está revestido con tablones de madera. El segundo, un rectángulo de 24 metros de largo y un solo piso, está parcialmente incrustado en el suelo en un extremo y voladizo sobre la colina en el otro, envuelto en paneles de cemento compuesto. El centro de la composición es un espacio vacío de transición entre estos dos volúmenes, que se abre de manera transparente hacia un espectacular panorama de las crestas montañosas de los Apalaches, con el Monte Sutton asomando en el horizonte.

Taking cues from its bucolic environment, this architecture is defined and modulated by the natural views, sunlight and the topography of the site. The house, its gardens, terraces and swimming pool, fostered a cruciform plan oriented along the North-South and East-West axes. In plan, the house revolves around three distinct parts arranged in the form of the letter 'T'. One part accommodates the living room, another, the guest rooms and a third houses the kitchen with the master bedroom upstairs. The dining room, the place of congregation that ties these together, lies at the crossroads of three cardinal vistas. To the east, the view opens onto the landscape of distant mountains and a wood deck, which takes advantage of the rising sun. To the south, the central space extends to a mineral patio where a slender rectilinear pool leads to the hardwood forest. Finally, to the west overlooking a water garden, we see the entrance and the green field with the woods that rise on the hill behind it. It is from this side that the dining room in the evening is bathed in the last rays of the sun.

Tomando inspiración de su entorno bucólico, esta arquitectura se define y modula por las vistas naturales, la luz del sol y la topografía del lugar. La casa, con sus jardines, terrazas y piscina, fomenta un diseño en forma de cruz orientado a lo largo de los ejes Norte-Sur y Este-Oeste. En planta, la casa gira en torno a tres partes distintas, dispuestas en forma de la letra 'T'. Una parte alberga la sala de estar, otra, las habitaciones de los invitados, y una tercera contiene la cocina con el dormitorio principal en la planta superior. El comedor, el lugar de encuentro que conecta todas estas áreas, se encuentra en la encrucijada de tres vistas cardinales. Al este, la vista se abre hacia el paisaje de montañas distantes y una terraza de madera, que aprovecha el sol naciente. Al sur, el espacio central se extiende hacia un patio mineral donde una esbelta piscina rectangular conduce al bosque de madera dura. Finalmente, al oeste, con vistas a un jardín acuático, se encuentra la entrada y el campo verde con el bosque que asciende por la colina detrás de él. Es desde este lado que el comedor, al atardecer, se baña en los últimos rayos del sol.

The ambiance in the home is also greatly affected by the presence of water. The pool, the water garden, and the adjacent stream gently flowing to the pond below, provide a faint background accent of rustling water. Subtle lighting of these aqueous media in addition to the homes lighting makes the place enchanting at night.

Finishing details, both interior and exterior, are the soul of the house. Built-in furniture is designed with attention to detail and executed with precision, whether it's the fireplace, bookshelves in the living room, butterfly doors leading to the guest bedrooms, kitchen furniture (with its floating island apron) bathroom cabinetry or the wooden shutters and the bed of the master bedroom. The same care applies to exterior wall finishes of torrefied wood, cement board, Corten steel and white oak paneling which penetrate the interior. Likewise, continuity of horizontal surfaces in concrete, limestone and slate also help to blur the boundaries between outside and inside.

La atmósfera de la casa está profundamente influenciada por la presencia del agua. La piscina, el jardín acuático y el arroyo cercano que fluye suavemente hacia el estanque de abajo proporcionan un suave murmullo de agua como fondo sonoro. La iluminación sutil de estos elementos acuáticos, junto con la iluminación de la casa, hacen que el lugar sea encantador por la noche.

Los detalles de acabado, tanto interiores como exteriores, son el alma de la casa. El mobiliario empotrado ha sido diseñado con atención minuciosa y ejecutado con precisión, ya sea la chimenea, las estanterías en la sala de estar, las puertas tipo mariposa que conducen a las habitaciones de invitados, los muebles de la cocina (con su isla flotante), los armarios de los baños o las persianas de madera y la cama del dormitorio principal. El mismo cuidado se aplica a los acabados de las paredes exteriores de madera torrefacta, paneles de cemento, acero Corten y revestimientos de roble blanco, que se extienden hacia el interior. De igual manera, la continuidad de las superficies horizontales de hormigón, piedra caliza y pizarra ayuda a desdibujar los límites entre el exterior y el interior.

T HOUSE, was designed with state of the art technical specifications and is certified Novoclimat. A geothermal climate control system has reduced dependency for energy resources in a rural setting. Fenestration was applied as a function of climate and orientation to ensure the comfort of each space in winter as well as in summer. Vis-à-vis operable windows provide natural cross ventilation. To the north, the house has few openings. To the south, the roof of the central space projects out over the patio just enough to protect the lobby from overheating in the summer while allowing winter rays to penetrate and bring solar gain. Concrete and natural stone flooring, preserve freshness in summer; exposed to direct sunlight and equipped with a hydronic heating system, they provide ideal comfort during the cold seasons.

La T HOUSE fue diseñada con especificaciones técnicas de vanguardia y cuenta con la certificación Novoclimat. Un sistema de control climático geotérmico ha reducido la dependencia de recursos energéticos en un entorno rural. La disposición de las ventanas se planificó en función del clima y la orientación, para garantizar el confort de cada espacio tanto en invierno como en verano. Las ventanas enfrentadas y operables proporcionan ventilación cruzada natural. Al norte, la casa tiene pocas aberturas. Al sur, el techo del espacio central se extiende sobre el patio lo suficiente para proteger el vestíbulo del sobrecalentamiento en verano, mientras que en invierno permite la entrada de los rayos solares para aprovechar el calor. Los suelos de hormigón y piedra natural conservan la frescura en verano; al estar expuestos a la luz solar directa y equipados con un sistema de calefacción hidrónica, proporcionan un confort ideal durante las estaciones frías.

HOULE-THIBAULT RESIDENCE

Mont-Tremblant, Québec, Canada // Architecture: Chevalier Morales // Clients: Sylvie Houle, Richard Thibault // Projest managers: Sergio Morales, Stephan Chevalier // Project team: Sergio Morales, Stephan Chevalier, Karine Dieujuste, Christine Giguère, Samantha Hayes // General contractor: Constructions Somart // Photography: Marc Cramer

Built on a mountainside with incredible views of Mont Tremblant, the Thibault residence questions the obvious nostalgia of traditional architecture imbedded within most of the large residential developments built in natural areas and intended for tourists or for secondary residences for city dwellers.

Following the client's initial request to have a «timber frame house», we worked with the help of a local artisan and after multiple iterations of the frame, we ended up not only achieving the simplest possible shape but we also managed to dissimulate all anchorage so the frame could be read without the interference of steel plates and bolts.

Context, orientation, winds and sun influenced some of the formal constraints that we imposed to the shape of the house which we derived from an abstraction of the traditional archetypal sloped roof house. The residence sits directly on a rock vein, thus determining the mineral materiality of the base of the house as if it had emerged naturally from the landscape. The base contains the garage, storage and technical spaces

The first formal iteration made of the house is a compression in its center in order to let natural light into the master bedroom and family room. This compression also resulted in the creation of the entrance at the pinch point. When entering the residence, in a double height space, a set of 4 large windows allows an immediate view of the top of the trees. The second iteration that we introduced is a bend on the North side to follow more adequately the rock vein profile. This reinforced the buildings integration to the site while resulting in an uncommonly shaped terrace. Finally, on both South and West sides, the shape retracts itself on the ground floor creating an integrated pare-soleil that helps maintain these windowed spaces shaded during the summer.

With its refined accessories like tilt and turn operable windows, copper gutters and glass guardrails, the residence offers a simple and sensible and alternative to nostalgic housing that is particularly in vogue in recreational and natural regions.

Construida en una ladera con increíbles vistas al Mont Tremblant, la residencia Thibault cuestiona la evidente nostalgia de la arquitectura tradicional presente en la mayoría de los grandes desarrollos residenciales en áreas naturales, destinados a turistas o como segundas residencias para habitantes de la ciudad.

Tras la solicitud inicial del cliente de tener una "casa de estructura de madera", trabajamos con la ayuda de un artesano local y, después de múltiples iteraciones del diseño, no solo logramos obtener la forma más sencilla posible, sino que también conseguimos disimular todos los anclajes, de modo que la estructura se pudiera apreciar sin la interferencia de placas de acero y pernos.

El contexto, la orientación, los vientos y el sol influyeron en algunas de las limitaciones formales que impusimos a la forma de la casa, la cual derivamos de una abstracción de la casa arquetípica de techo inclinado tradicional. La residencia se asienta directamente sobre una veta de roca, lo que determinó la materialidad mineral de la base de la casa, como si hubiera emergido naturalmente del paisaje. La base alberga el garaje, los espacios de almacenamiento y las áreas técnicas.

La primera iteración formal de la casa fue una compresión en su centro para permitir que la luz natural llegará al dormitorio principal y a la sala familiar. Esta compresión también resultó en la creación de la entrada en ese punto angosto. Al entrar a la residencia, en un espacio de doble altura, un conjunto de cuatro grandes ventanas permite una vista inmediata de las copas de los árboles. La segunda iteración que introdujimos fue una curva en el lado norte para seguir de manera más adecuada el perfil de la veta de roca, lo que reforzó la integración del edificio al terreno y dio lugar a una terraza de forma poco común. Finalmente, en los lados sur y oeste, la forma se retrae en la planta baja, creando un pare-soleil integrado que ayuda a mantener estos espacios con ventanas sombreadas durante el verano.

Con sus accesorios refinados como ventanas abatibles, canaletas de cobre y barandillas de vidrio, la residencia ofrece una alternativa simple y sensata a las viviendas nostálgicas que están especialmente de moda en regiones recreativas y naturales.

Elevation

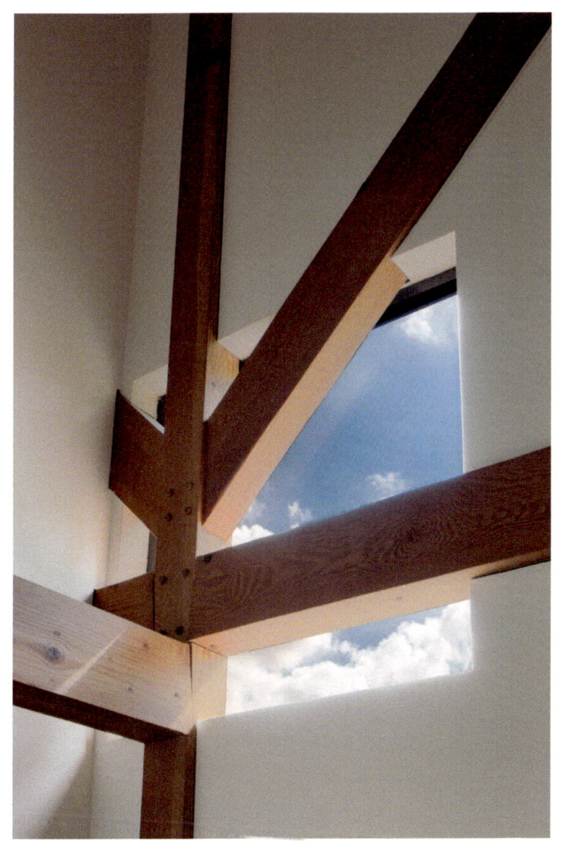

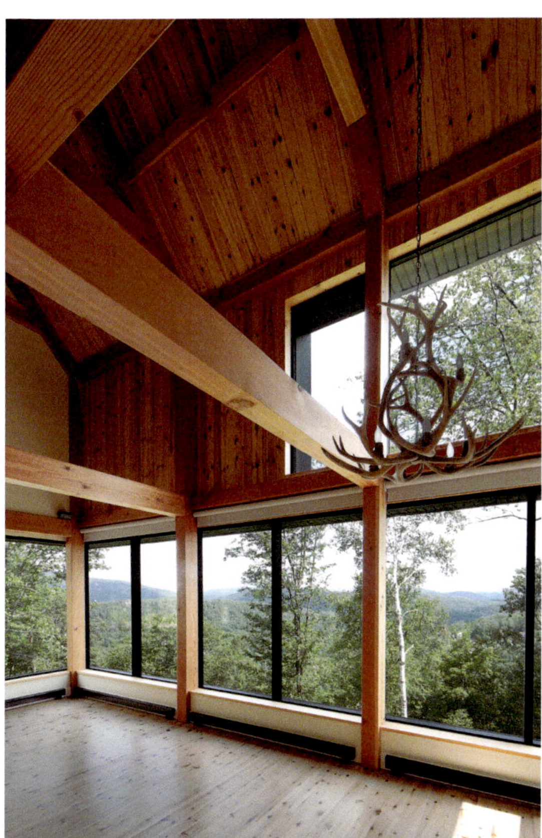

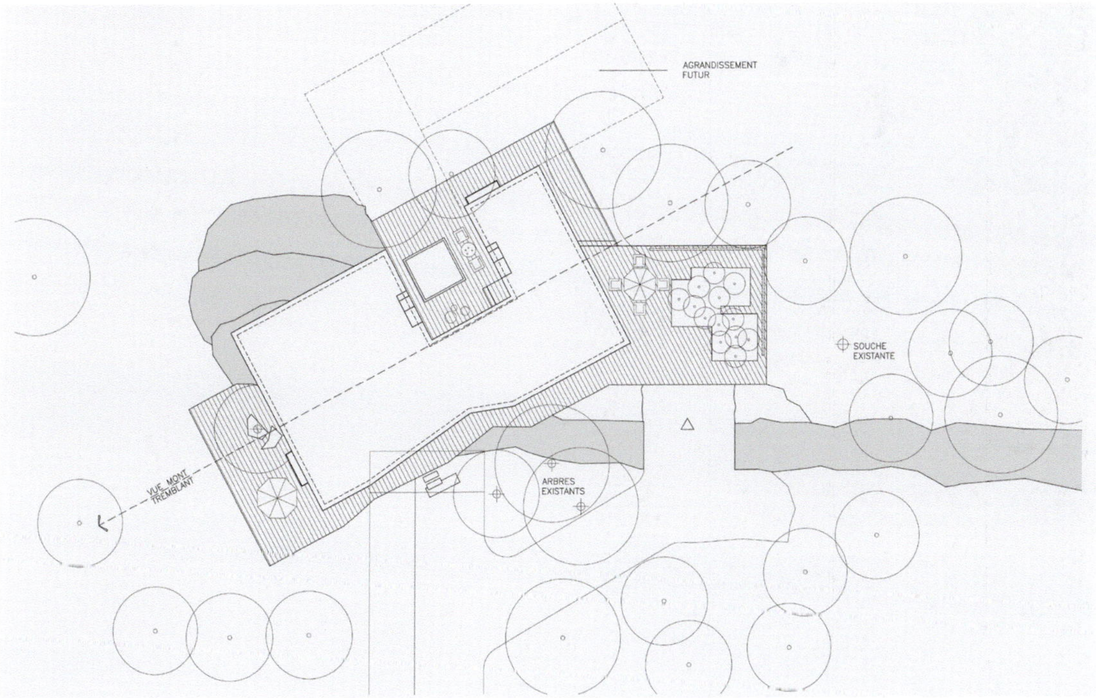
AGRANDISSEMENT
FUTUR
SOUCHE
EXISTANTE
VUE MONT
TREMBLANT
ARBRES
EXISTANTS

Site plan

WEST DUNE HOUSE

Magdalen Islands, Québec, Canada // Architecture: Bourgeois / Lechasseur architects // General Contractor: Constructions MPL // Photography: Adrien Williams + Nigel Quinn

This secondary house is located in the Magdalen Islands, facing West Dune and the sea. The clients are a retired couple that would like to spend a few months a year there.

The house was inspired by a formal exploration of sand models, seen at a Wallpaper Magazine exhibition in London. The volume measurement is inspired by local traditional architecture and by the natural shapes of wind-swept dunes. Due to its shape, the house looks as though it was sculpted out of a monolith of sand. The side walls follow the roof's slope and extend to the edge of the deck to create an enjoyable space sheltered from the wind. The entrance is concealed in the reinforced side wall, providing protection from the weather.

The living spaces are located on the ground floor in an open space with a cathedral ceiling. There are also an office and a guest room with a bathroom on this level. A skylight adorning the facade brightens the living room. This feature is a subtle homage to local architecture. The master bedroom is located on a mezzanine. This private room protrudes cantilevered over the deck and toward the horizon.

The house is covered with sand-coloured cedar shingles. This material is used on nearly all the houses on the islands due to its capacity to resist salt air. The indented parts are covered with warm brown, semi-transparent wooden siding. Each window looks out onto a different type of landscape. In addition to the dune and the sea, one can see foxes running around nearby.

The West Dune house blends well into the picturesque landscape of the Magdalen Islands.

Esta casa secundaria está ubicada en las Islas de la Magdalena, frente a West Dune y el mar. Los clientes son una pareja jubilada que desea pasar algunos meses al año allí.

La casa se inspiró en una exploración formal de modelos de arena, vistos en una exposición de la revista Wallpaper en Londres. El volumen de la casa está inspirado tanto en la arquitectura tradicional local como en las formas naturales de las dunas moldeadas por el viento. Debido a su forma, la casa parece haber sido esculpida a partir de un monolito de arena. Las paredes laterales siguen la inclinación del techo y se extienden hasta el borde de la terraza, creando un espacio agradable y protegido del viento. La entrada está disimulada en la pared lateral reforzada, proporcionando protección contra el clima.

Los espacios comunes se encuentran en la planta baja, en un espacio abierto con techo tipo catedral. En este nivel también hay una oficina y una habitación de invitados con baño. Un tragaluz en la fachada ilumina la sala de estar, una sutil referencia a la arquitectura local. El dormitorio principal está ubicado en un entrepiso, una habitación privada que sobresale en voladizo sobre la terraza, orientándose hacia el horizonte.

La casa está revestida con tejas de cedro color arena, un material utilizado en casi todas las casas de las islas por su capacidad para resistir el aire salino. Las partes retranqueadas están cubiertas con revestimiento de madera cálida de tono marrón semitransparente. Cada ventana ofrece una vista distinta del paisaje. Además de las dunas y el mar, es posible ver zorros corriendo cerca de la casa.

La casa de West Dune se integra armoniosamente en el pintoresco paisaje de las Islas de la Magdalena.

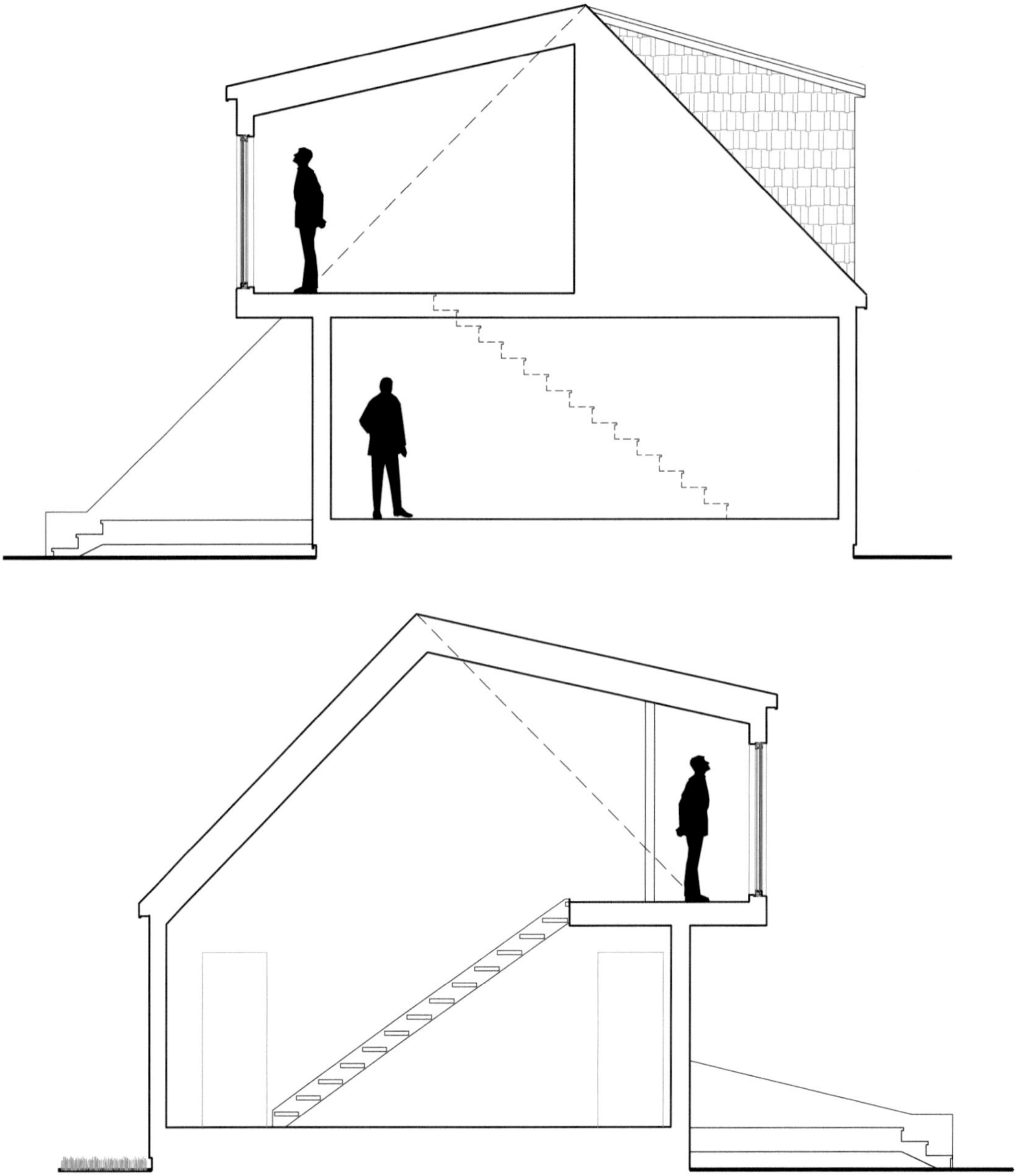

Side sections

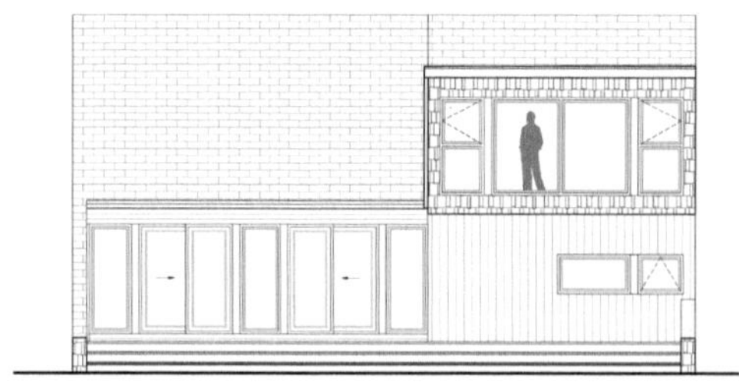

North elevation

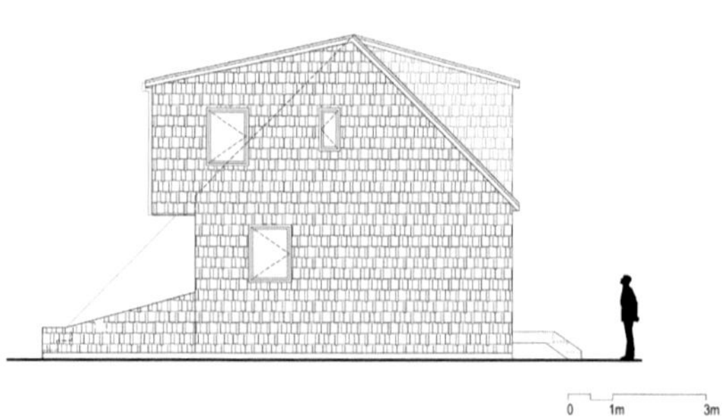

West elevation

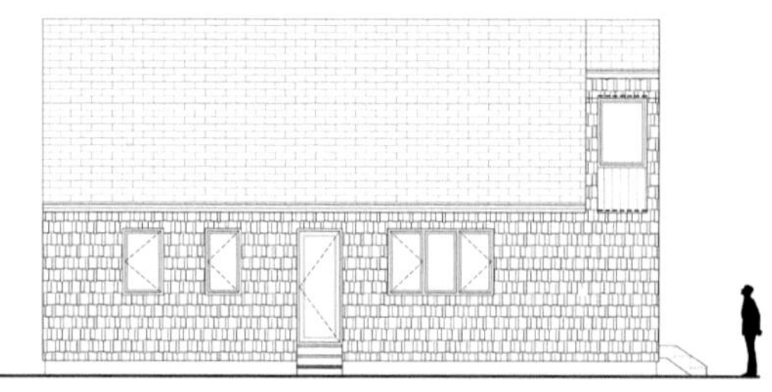

South elevation

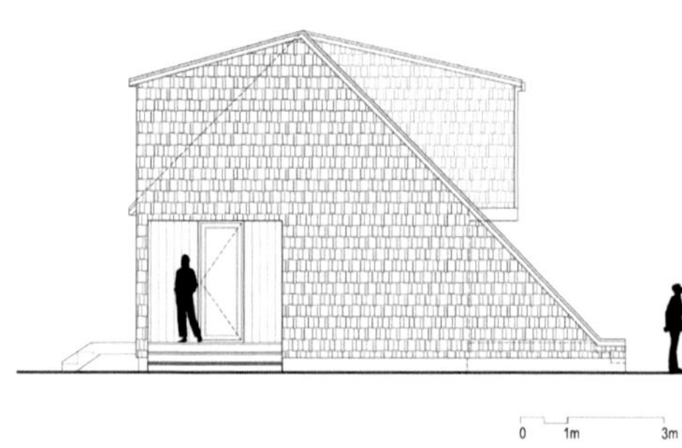

East elevation

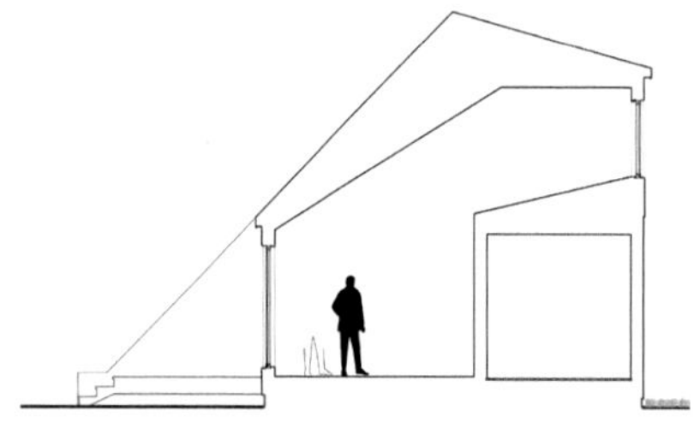

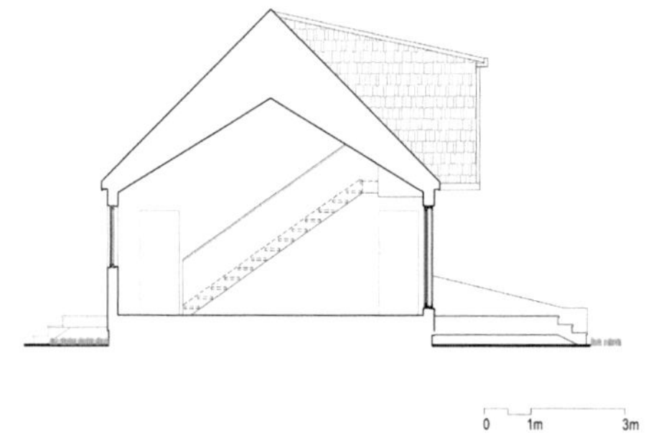

Side sections

HOUSE ON LAC GRENIER

Lake Grenier, City of Esterel, Quebec, Canada // Architecture: Paul Bernier architect // Architectural team: Paul Bernier, Anick Thibeault // Structure: Calculatec Inc. / Engineer: Alain Mousseau // Contractor: Léonald Goyette, general contractor // Photography: Adrien Williams

Our clients have owned this property for a number of years. They know it well and love its varied features. They were looking for a sustainable and site-sensitive project that would preserve its topography, vegetation, and natural appearance.

Volumes and placement
The lakefront site is entirely wooded. It is crossed by a stream on its south side and has a steep incline on the north. These characteristics and the need to build at a distance from the stream suggested a lengthwise placement, with the house slipped in between the stream and the slope.

We chose to create a low-profile, primarily single-storey building. Its meandering shape is determined by the opportunities offered by the surrounding landscape. The structure bends, opens, and narrows like a river carving its own path.

The form is clad in a single material, with vertical cedar slats of varying width and thickness placed in an open-work manner. The building's weatherproofing is assured beneath the spaced slats, which conceal the flashing, drip edges, and trim usually visible on the exterior of traditional wood structures. The surface reads instead like a palisade that follows the shape of the building and into which openings have been cut.

Nuestros clientes han sido propietarios de esta propiedad durante varios años. La conocen bien y aprecian sus características variadas. Buscaban un proyecto sostenible y respetuoso con el entorno, que preservara la topografía, vegetación y apariencia natural del lugar.

Volúmenes y emplazamiento
El terreno frente al lago está completamente arbolado. Un arroyo lo atraviesa por el lado sur, y presenta una pendiente pronunciada en el norte. Estas características, junto con la necesidad de construir a cierta distancia del arroyo, sugirieron una disposición longitudinal, con la casa colocada entre el arroyo y la pendiente.

Optamos por crear una estructura de bajo perfil, principalmente de una sola planta. Su forma serpenteante está determinada por las oportunidades que ofrece el paisaje circundante. La estructura se dobla, se abre y se estrecha como un río que esculpe su propio camino.

La forma está revestida con un solo material: listones verticales de cedro de diferentes anchos y grosores, dispuestos de manera abierta. La impermeabilización del edificio está asegurada debajo de estos listones, que ocultan las molduras, vierteaguas y otros elementos que normalmente son visibles en estructuras de madera tradicionales. En su lugar, la superficie se percibe como una empalizada que sigue la forma del edificio, en la cual se han recortado las aberturas.

From the path leading up to the entrance, the building appears as a mostly opaque volume that follows the contours of the site. The garage is concealed from view. To the right, an opening in the palisade invites visitors to come inside. Along the south facade, the volume of the house bends and opens up to let in the light and make the most of the forest view. Further along, the volume bends again, turning toward an opening in the woods that offers a view of the stream flowing into the lake. On the north side, smaller openings frame perspectives of the surrounding landscape and allow the building's occupants to enjoy the gentle murmur of the stream, which still runs over the property. Atop the roof, a small tree-house-like room looks out onto the surrounding greenery.

With time, as the cedar slats fade and the trees and ground cover grow back in around the building, architecture and nature will intermingle. Nature will also be invited to cover the building itself, thanks to its green roof. Seen from the rooftop study or the hill, the structure will blend into its natural environment.

Desde el sendero que lleva a la entrada, el edificio se presenta como un volumen mayormente opaco que sigue los contornos del terreno. El garaje está oculto a la vista. A la derecha, una abertura en la empalizada invita a los visitantes a entrar. A lo largo de la fachada sur, el volumen de la casa se dobla y se abre para dejar entrar la luz y aprovechar al máximo las vistas del bosque. Más adelante, el volumen vuelve a doblarse, dirigiéndose hacia un claro en el bosque que ofrece una vista del arroyo que fluye hacia el lago. En el lado norte, aberturas más pequeñas enmarcan perspectivas del paisaje circundante y permiten a los ocupantes disfrutar del suave murmullo del arroyo, que sigue corriendo por la propiedad. En lo alto del techo, una pequeña habitación, similar a una casa en el árbol, mira hacia el verdor que rodea el lugar.

Con el tiempo, a medida que los listones de cedro se vayan desvaneciendo y los árboles y la vegetación vuelvan a crecer alrededor del edificio, la arquitectura y la naturaleza se entrelazarán. La naturaleza también se integrará al edificio mismo gracias a su techo verde. Visto desde el estudio en la azotea o desde la colina, la estructura se fundirá con su entorno natural.

Interior pathway

Inside, visitors are greeted by a large hickory wall unit, shaped to offer seating and a place to hang away coats. It also directs one toward the living space, a large, generously-lit area that culminates in a cantilevered, screened room with a view of the mouth of the stream and the lake. On the south side, the exterior wall makes way for a large glazed surface that opens onto the forest. During summer, the trees, like the green roof, create a natural screen to shield the house from heat. In winter when the leaves have fallen, sunlight filters through the forest and floods the space with warmth and light.

The materials used for the surfaces are simple and refined. The white walls and polished cement floors contrast with the rugged natural surroundings, allowing the scenery outside to take centre stage.

Camino interior

Al entrar, los visitantes son recibidos por un gran mueble de pared de nogal americano, diseñado para ofrecer asientos y un lugar donde colgar los abrigos. Este mueble también dirige hacia el área de estar, un amplio espacio generosamente iluminado que culmina en una sala en voladizo con pantalla, ofreciendo vistas a la desembocadura del arroyo y el lago. En el lado sur, la pared exterior da paso a una gran superficie acristalada que se abre hacia el bosque. Durante el verano, los árboles, al igual que el techo verde, crean una pantalla natural que protege la casa del calor. En invierno, cuando las hojas han caído, la luz solar se filtra a través del bosque e inunda el espacio de calor y luminosidad.

Los materiales utilizados para las superficies son sencillos y refinados. Las paredes blancas y los suelos de cemento pulido contrastan con el entorno natural y rústico, permitiendo que el paisaje exterior sea el verdadero protagonista.

The large open area is occupied by three wooden masses. They are placed along an axis that draws one through the sequence of spaces that make up the living area. Made of hickory, these built-in units include the storage and bench unit in the entrance, the kitchen island, and a television and sound system cabinet. Their functions are barely legible, allowing them to remain as abstract as possible in order to emphasize only their form, material, and relationship to one another. The kitchen island is in the center of the space, offering a panoramic view of the surrounding landscape.

The large built-in unit in the entrance also screens off the more private areas of the home. Tucked in behind the ample wooden structure is the access [H1] to the bedrooms, as well as the staircase that leads to the reading room atop the green roof. Upstairs, the wood-panelled space offers a quiet retreat from the rest of the house.

El gran espacio abierto está ocupado por tres volúmenes de madera, dispuestos a lo largo de un eje que guía a través de la secuencia de espacios que componen el área de estar. Estos módulos empotrados, fabricados en nogal americano, incluyen la unidad de almacenamiento y banco en la entrada, la isla de la cocina, y el mueble para el televisor y el sistema de sonido. Sus funciones son apenas perceptibles, lo que permite que se mantengan lo más abstractos posible, destacando solo su forma, material y la relación entre ellos. La isla de la cocina se sitúa en el centro del espacio, ofreciendo una vista panorámica del paisaje circundante.

La gran unidad empotrada en la entrada también oculta las áreas más privadas de la casa. Detrás de la estructura de madera se encuentra el acceso a los dormitorios, así como la escalera que conduce a la sala de lectura en lo alto del techo verde. En la planta superior, el espacio revestido en madera ofrece un refugio tranquilo, apartado del resto de la casa.

KL HOUSE

North Hatley, Quebec, Canada // Architecture: Bourgeois / Lechasseur ArchitectsGeneral //
Contractor: Josée Lemire // Photography: Adrien Williams

At our first meeting, the clients spoke of simplicity and an open view of the woods. They wanted a house that "looks like a house." They preferred a more traditional style, reminiscent of East Coast homes by the sea, standing like cedar-shingled "lighthouses," standing strong against the storms. These houses seem to rise up to view the horizon. From the beginning, we could see that they were open to contemporaneity and boldness, even though they wished to retain the traditional country style of North Hatley's early homes. This duality between the traditional and the modern was our guide throughout the design.

When we first visited the property, we were charmed by the dense, leafy forest and deer close by. The property is bordered by a stream, and the sound of the water is both soothing and inspiring. It is located at the end of a mountainous domain, close to the heart of the village of North Hatley. The winding "Méandres" road leads to the property, and the project is nestled in one of its sharp curves.

Upon approach, the house has a strong presence, but its build and size give it a traditional look. Wandering through the property, the cedar seems to step back, allowing the indoors to mingle with the outdoors. It is almost like a boat that has come to rest on the banks of a bend in the river. The house is nestled into the side of the mountain, as if it slid, stopping just before the chasm. The main floor literally opens into the forest, and the upper level seems to float above it. The screened-in room, a continuation of the glass wall, reaches toward the forest, drawing the stream closer.

En nuestra primera reunión, los clientes hablaron de la simplicidad y de una vista abierta hacia el bosque. Querían una casa que "parezca una casa". Preferían un estilo más tradicional, que evocara las casas de la costa este junto al mar, erigiéndose como "faro" de cedro, firmes ante las tormentas. Estas casas parecen elevarse para contemplar el horizonte. Desde el principio, notamos que estaban abiertos a la contemporaneidad y la audacia, aunque deseaban conservar el estilo campestre tradicional de las primeras casas de North Hatley. Esta dualidad entre lo tradicional y lo moderno guió nuestro proceso de diseño.

Cuando visitamos la propiedad por primera vez, nos encantó el denso bosque frondoso y la cercanía de los ciervos. La propiedad está bordeada por un arroyo, y el sonido del agua resulta tanto reconfortante como inspirador. Se encuentra al final de un dominio montañoso, cerca del corazón del pueblo de North Hatley. La sinuosa carretera "Méandres" conduce hasta la propiedad, que está ubicada en una de sus pronunciadas curvas.

Al acercarse, la casa tiene una fuerte presencia, pero su construcción y tamaño le confieren un aspecto tradicional. Al caminar por la propiedad, el cedro parece retroceder, permitiendo que el interior se mezcle con el exterior. Es casi como un barco que ha llegado a descansar en la orilla de un recodo del río. La casa está empotrada en el costado de la montaña, como si hubiera resbalado, deteniéndose justo antes del abismo. La planta principal se abre literalmente al bosque, y el nivel superior parece flotar sobre él. La sala acristalada, continuación de la pared de vidrio, se extiende hacia el bosque, acercando el arroyo.

The KL house's natural cedar siding and tin roof are reminiscent of some of North Hatley's country homes. However, its elongated and streamlined shape contrasts subtly with the older, opulent homes on the shore of the lake. The house, and its adjacent garage, have a simple and well-assumed volumetry and a slanted roof with a small overhang, but this simplicity is destabilized by subtle shaping. The overhanging upper level covers the porch and terrace, protecting the windowed rooms on the main floor from the summer heat.

The absence of mouldings highlights the authentic character of the natural cedar shingles. The trimmed area's smooth cedar planks provide a contrast to the textured shingles. In both cases, cedar shingles were chosen for their orange hue, which adds a touch of warmth to the project. Bold, wide openings along the siding frame the inner scenery.

El revestimiento de cedro natural y el techo de chapa de la casa KL recuerdan a algunas de las casas rurales de North Hatley. Sin embargo, su forma alargada y aerodinámica contrasta sutilmente con las antiguas y opulentas casas a la orilla del lago. La casa, junto con su garaje adyacente, tiene una volumetría simple y bien definida, y un techo inclinado con un pequeño voladizo, pero esta simplicidad se ve desestabilizada por formas sutiles. El nivel superior en voladizo cubre el porche y la terraza, protegiendo los espacios con ventanas en la planta principal del calor del verano.

La ausencia de molduras resalta el carácter auténtico de las tejas de cedro natural. Las tablillas de cedro liso en el área recortada contrastan con las tejas texturizadas. En ambos casos, se eligieron las tejas de cedro por su tono anaranjado, que añade un toque de calidez al proyecto. Abrir espacios amplios y audaces a lo largo del revestimiento enmarca el paisaje interior.

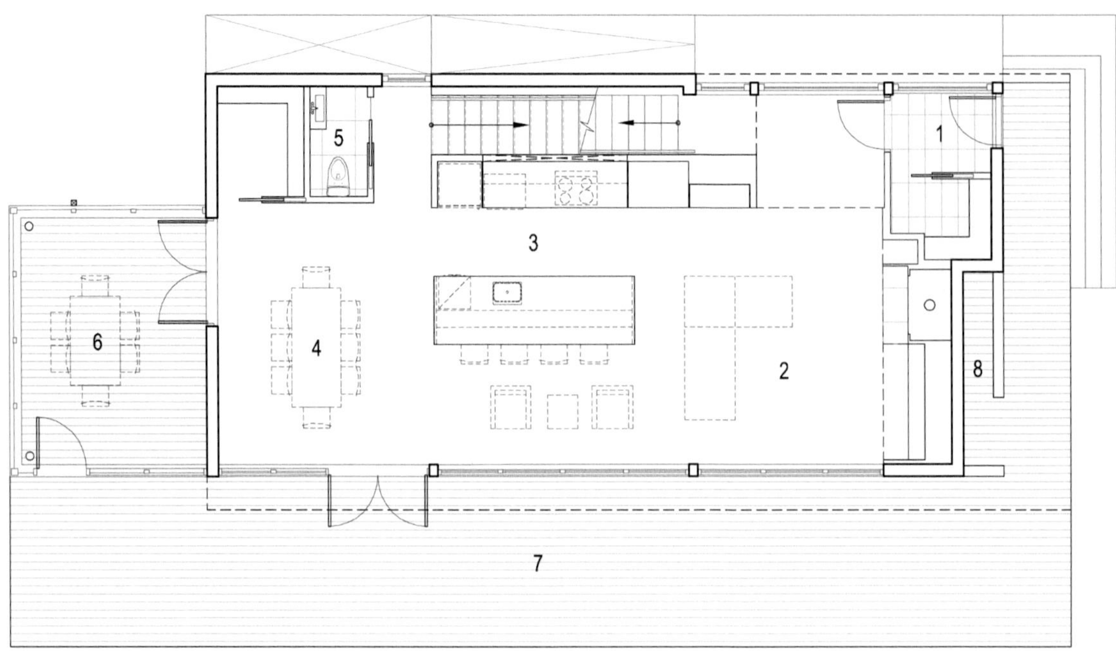

First floor
1. Entrance
2. Living room
3. Kitchen
4. Dining room
5. Bathroom
6. Covered deck
7. Terrasse
8. Wood storage

The entrance hall leads to a bright transition area that opens up vertically, providing a glimpse of the upper level and its cedar ceiling. The living areas flow through an open, longitudinal space that offers a constant view of the forest. Dark trims around the windows enliven the home's long facade. This linear movement continues and folds indoors to house the living room. A change in shape creates the library and the foyer. This darker area contrasts nicely with the white walls and lustrous furniture. The wood floors add a soft quality to the project.

El vestíbulo de entrada da paso a una luminosa área de transición que se abre verticalmente, ofreciendo una vista del nivel superior y su techo de cedro. Las áreas de estar fluyen a través de un espacio longitudinal abierto que ofrece una vista constante del bosque. Los marcos oscuros alrededor de las ventanas dan vida a la larga fachada de la casa. Este movimiento lineal continúa y se pliega hacia el interior para dar cabida a la sala de estar. Un cambio en la forma crea la biblioteca y el vestíbulo. Esta zona más oscura contrasta de manera armónica con las paredes blancas y el mobiliario brillante. Los suelos de madera aportan una suavidad al proyecto.

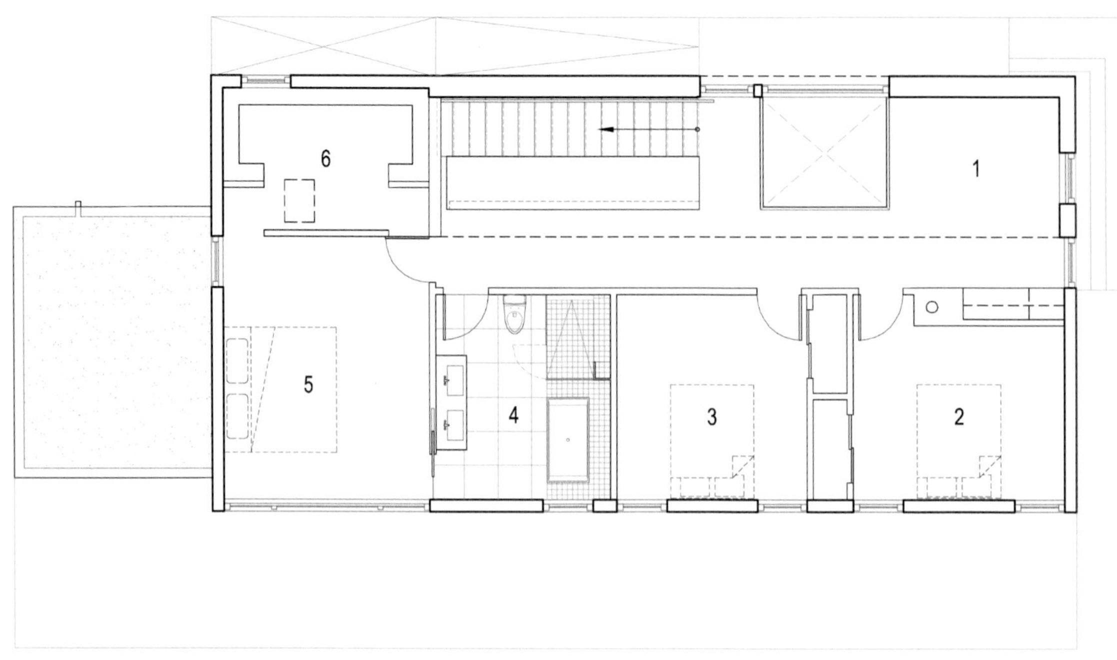

Second floor
1. Office
2. Child bedroom
3. Child bedroom
4. Bathroom
5. Master bedroom
6. Walk-in

The open staircase invites the occupants to climb up. The upstairs walls are covered in cedar slats. An office area and long, low storage furnish the space. The bedrooms and bathroom are simple and discrete, each one providing a partial view of the landscape. A very large window in the master bedroom offers a glimpse of the lake through the trees.

In response to the clients' wishes, the KL house looks "like a house" but also sets itself apart, in all simplicity, by re-interpreting the region's early country homes. It also has a friendly maritime feel, far from the Atlantic.

La escalera abierta invita a los ocupantes a subir. Las paredes del piso superior están revestidas con listones de cedro. Un área de oficina y un largo y bajo mueble de almacenamiento decoran el espacio. Los dormitorios y el baño son sencillos y discretos, cada uno de ellos ofrece una vista parcial del paisaje. Una ventana muy grande en el dormitorio principal permite vislumbrar el lago a través de los árboles.

En respuesta a los deseos de los clientes, la casa KL se presenta "como una casa", pero también se diferencia, con toda sencillez, al reinterpretar las primeras casas de campo de la región. Además, tiene una acogedora atmósfera marítima, a pesar de estar lejos del Atlántico.

BERGES GRISES

Saguenay, Quebec, Canada // Architecture: Matière Première Architecture // Contractor: Habitation DLC // Wood siding: Maxiforet // Roofing: Mac Metal // Lighting: Luminaire authentik // Landscaping: Reflex paysage // Brick: Arriscraft // Photography: Ian Balmorel

Matière Première Architecture unveils **Berges Grises**, a unique architectural dwelling nestled in the picturesque Saguenay region of Quebec. This project showcases a subtle blend of architectural tectonic, ecological consciousness, and warm design, striking a harmonious balance with the natural landscape of the Fjord-du-Saguenay.

The site, a triangular-shaped challenge bordered by constraints, appears as a marked inclination towards a shoreline where rocks, smoothed by the tides, bear witness to the power of time.

"The name 'Berges Grises' is directly inspired by these landscapes sculpted by nature, and embodies our vision of architecture that contemplates its environment," explains Etienne Chaussé, Architect of Matière Première Architecture, evoking how the site has guided every creative decision.

The site's topography, featuring a lateral slope and a more pronounced one towards the water, was a defining factor in the design process. The architectural team had to consider these constraints, along with the need to preserve privacy in respect to a requirement to include a right-of-way to an adjacent project.

Three volumes open onto the landscape

In response to these constraints, the concept of a U-shaped design emerged, intending to orient the house towards the rear, thus creating an outdoor living area away from prying eyes. However, due to the triangular plot, the concept evolved into an expanded H shape, wherein the two lateral bars align with the parcel lines, opening up the backyard to the breathtaking landscape.

Berges Grises comprises three distinct volumes with different functions, covering approximately 4,500 sq. ft. over two levels. The first volume houses the ground floor and upper level, which include bedrooms, suites, and a garage. The second accommodates the ground and garden levels, with a living area on the ground level, and a "mancave" at the garden level, taking advantage of the site's double slope. These volumes are conjoined by a third transverse brick element that aligns with the resulting angles of the design. The overall construction suggests an external cedar covering that will naturally patinate over time, and elongated brickwork, giving it a noble and timeless character.

Matière Première Architecture presenta **Berges Grises**, una vivienda arquitectónica única enclavada en la pintoresca región de Saguenay, Quebec. Este proyecto muestra una sutil combinación de tectónica arquitectónica, conciencia ecológica y diseño cálido, logrando un equilibrio armonioso con el paisaje natural del Fjord-du-Saguenay.

El sitio, de forma triangular y rodeado de limitaciones, presenta una marcada inclinación hacia una orilla donde las rocas, pulidas por las mareas, dan fe del poder del tiempo.

"El nombre 'Berges Grises' está directamente inspirado en estos paisajes esculpidos por la naturaleza y encarna nuestra visión de una arquitectura que contempla su entorno", explica Etienne Chaussé, arquitecto de Matière Première Architecture, aludiendo a cómo el lugar ha guiado cada decisión creativa.

La topografía del terreno, que presenta una pendiente lateral y una más pronunciada hacia el agua, fue un factor determinante en el proceso de diseño. El equipo arquitectónico tuvo que considerar estas limitaciones, junto con la necesidad de preservar la privacidad en relación con la obligación de incluir un paso hacia un proyecto adyacente.

Tres volúmenes que se abren al paisaje

En respuesta a estas restricciones, surgió el concepto de un diseño en forma de U, con la intención de orientar la casa hacia la parte trasera, creando así un área de estar al aire libre alejada de miradas indiscretas. Sin embargo, debido a la forma triangular del terreno, el concepto evolucionó hacia una forma de H ampliada, en la que las dos barras laterales se alinean con los límites de la parcela, abriendo el patio trasero a un paisaje impresionante.

Berges Grises comprende tres volúmenes distintos con diferentes funciones, que abarcan aproximadamente 4,500 pies cuadrados en dos niveles. El primer volumen alberga la planta baja y el nivel superior, que incluyen dormitorios, suites y un garaje. El segundo volumen acomoda los niveles de jardín y planta baja, con un área de estar en la planta baja y un "mancave" en el nivel del jardín, aprovechando la doble pendiente del sitio. Estos volúmenes están unidos por un tercer elemento transversal de ladrillo que se alinea con los ángulos resultantes del diseño. La construcción general sugiere un revestimiento exterior de cedro que se patinará de forma natural con el tiempo, junto con un trabajo de ladrillo alargado que le confiere un carácter noble y atemporal.

Urban concept in the heart of the forest

The clients, a young couple, had a clear vision of integrating an eclectic mix of elements into the project, with an emphasis on longevity. Their affinity for restaurant-style open kitchens led to the selection of red oak finishes, white mosaic and metro-style ceramic tiles for the living area, and the addition of a long, frosted glass and brass light fixture above the kitchen island, reflecting the urban design of a restaurant in a forest surrounding.

At the heart of the project lies an oversized living room, which serves as a connection and circulation hub among spaces and provides a contemplative spot with an all-round view of the house and outdoors. A massive fireplace anchors the space, with a built-in library on the opposite brick wall. An architectural staircase of floating wooden boards leads to the upper level, their design conforming to the house's angles. The layout allows for extensive window space, letting through generous lighting while facing the intimate courtyard. This courtyard, extending from the open veranda and living area, features a relaxation area and a pool, visible from every room.

Concepto urbano en el corazón del bosque

Los clientes, una joven pareja, tenían una visión clara de integrar una mezcla ecléctica de elementos en el proyecto, con un énfasis en la longevidad. Su afinidad por las cocinas abiertas al estilo de restaurantes llevó a la elección de acabados en roble rojo, mosaicos blancos y azulejos cerámicos de estilo metro para el área de estar, así como a la incorporación de una larga lámpara de luz de cristal esmerilado y bronce sobre la isla de la cocina, reflejando el diseño urbano de un restaurante en un entorno forestal.

En el corazón del proyecto se encuentra una sala de estar de grandes dimensiones, que funciona como un centro de conexión y circulación entre los espacios, además de ofrecer un rincón contemplativo con vistas panorámicas de la casa y el exterior. Una enorme chimenea ancla el espacio, complementada por una biblioteca empotrada en la pared de ladrillo opuesta. Una escalera arquitectónica de tablones de madera flotantes conduce al nivel superior, con un diseño que se adapta a los ángulos de la casa. La disposición permite amplias ventanas, que permiten la entrada de abundante luz natural mientras miran hacia el íntimo patio. Este patio, que se extiende desde la veranda abierta y el área de estar, cuenta con un área de relajación y una piscina, visibles desde todas las habitaciones.

Materiality and territory

Materiality is central to Berges Grises, with the design process integrating the clients' desires and local building traditions. The outdoor cedar finish not only adds an elegant look to the structure, but also ensures durability, both physical and conceptual. The choice of elongated brickwork for the unifying volume provides an anchor to the building, simultaneously blending with the surrounding natural elements. The charcoal-colored steel roof and extensive fenestration add a contemporary touch to the overall design.

In terms of construction, environmental sensitivity was paramount. The exterior landscape design is minimalist and balanced, with the integration of indigenous plants all over and a clover ground cover introduced in areas disturbed during construction.

Sensitive integration

One of the key approaches that guided the respectful and efficient realization of Berges Grises was the adoption of prefabricated frame construction. This strategy enabled the firm to significantly reduce the duration of the work, thus limiting its footprint on the native plant context and delicate coastal ecosystem. At the same time, sedimentation barriers were installed near the construction site for the duration of the work.

Materialidad y territorio

La materialidad es fundamental en Berges Grises, ya que el proceso de diseño integra los deseos de los clientes y las tradiciones constructivas locales. El acabado exterior de cedro no solo añade un aspecto elegante a la estructura, sino que también garantiza su durabilidad, tanto física como conceptual. La elección de un ladrillo alargado para el volumen unificador proporciona un anclaje al edificio, al tiempo que se funde con los elementos naturales circundantes. El techo de acero de color carbón y la amplia fenestración aportan un toque contemporáneo al diseño general.

En cuanto a la construcción, la sensibilidad ambiental fue primordial. El diseño paisajístico exterior es minimalista y equilibrado, con la integración de plantas autóctonas en todo el entorno y un cubresuelo de trébol introducido en las áreas perturbadas durante la construcción.

Integración sensible

Uno de los enfoques clave que guiaron la realización respetuosa y eficiente de Berges Grises fue la adopción de una construcción en marco prefabricado. Esta estrategia permitió a la firma reducir significativamente la duración de la obra, limitando así su huella en el contexto de la vegetación nativa y el delicado ecosistema costero. Al mismo tiempo, se instalaron barreras de sedimentación cerca del sitio de construcción durante el transcurso de la obra.